宮本常一短編集

見聞巷談

宮本常一短編集

見聞巷談

宮本常一［著］
田村善次郎［編］

八坂書房

目次

民俗しおり草

藍住につながる話

「あいぞの」が「あいずみ」になった。「おや？」と思った。そのはずである。町村合併があったのだから当然のことだけれど……。

それにしてももう七三号。満六年になるのだなと思うとまことに感慨ふかい。私はその第一号からおくっていただいている。そしてそれをとじて大事に保存している。

藍園村は私にはとても印象深い村だからである。昭和二十四年、丁度ムギのうれるころ藍園村へ講演をたのまれて行って病気になり、秦先生をはじめ村の方々から一方ならぬお世話になった。そして健康をとりもどした。その日から藍園のことを忘れたことはない。併しついぞ再びおとずれる機会がない。ところが、もう一昨年になるかと思うが、私の親友の立教大学教授宮本馨太郎氏が藍園村をおとずれて、かえって来て「秦先生にお目にかかって君のうわさが出てとてもなつかしかった」という。世間は広いようでせまいものである。馨太郎氏とはおなじ日本常民文化研究所で研究して来た仲なのだが、馨太郎氏の父君は勢助氏と言って民間服飾研究の大家であった。その幼名を常吉と言われたそうな。奥さんがおつね、それに私が常一である。「何かの因縁だろう一ぺんあいたいものだ」と突然おたよりをいただいたのが、昭和八年ごろかとおぼえている。さてその幼名常吉の勢助氏にあうまえに御子息の馨太郎氏に逢い一緒に仕事をするようになった。ことに保谷にあった民族博物館の民具の整理はもう物の不自由になって人手不足な戦時下で、馨太郎氏と一年ほどかけてやった。

今度民間有形文化の保存が問題になるようになって馨太郎氏はその権威であり文部省の嘱託として指定調査と指導のためにとびまわっているいる。そして高松に講演にいったついでに藍園村へ寄ったのだという。藍作関係資料を重要文化財に指定するための下見聞のためであった。

「いい村だね。。村の人もいいし、気がよくあって――また資料もよくあつめてある。是非指定しなくてはならぬ。」

「たのむよ、あそこはこれからも次々にいい資料をあつめるだろう。」

「ところが、その藍作についてもっとも貴重な文献だといわれている『阿波国藍業略誌』が祭魚洞文庫（日本常民文化研究所の書架資料をあつめられた渋沢敬三先生の雅号をとって名づけたもの）にあるはずだというのだが……」

「その話はきいている。実は後藤捷一氏（阿波府中町出身、染料史研究では日本最高権威）から是非さがしてくれとたのまれて、書架を全部さがして見たのだが見つからぬ。」

「とに角、阿波藍の資料は完全なものにしておきたい。その写しをもとにしたものが『日本農業発達史』におさめられているが、間違が多いらしい。何とかして原典にあたって、もう一度刊行したいと言っている。」

「ではまたさがして見よう……」

二人でそんなことをはなしあった。その後、私は書庫の隅々までまたしらべて見たがついに見当らない。そこへ後藤氏が上京して来て

「どうしても探し出せ。必ずあるはずだ。」

と大変な自信でいう。ところが書写本の貴重なものは大半文部省資料館へ寄贈したのだからその方にあるかもわからない、と思ってそこにいる友人にもきいて見た。しかしないとの返事。

後藤氏からは矢の催促。阿波藍の文献資料を三木与吉郎氏の後援でこれからドシドシ出してゆこうとのことである。私もすておけないのでもう一度さがしかけた。もう書架はきちんとしていたのだが戦争のために研究所が一時閉鎖状態になり、資料の半ばが文部省やら水産庁へ寄贈せられ書架が混乱してしまった。寄贈したと言っても残っているものが五万冊はあろう。それをまたさがしはじめた。ところが……とうとう見つかったのである。まえに一度見たところだったのだが、それこそ片隅に保存せられていた。

「明治二十三年二月、徳島県第一部農商課員椎野宰資記」とある。まさしく原本である。徳島県の多くの学者たちが久しくさがしもとめていたものである。この報告をよめば皆さんどんなによろこぶことであろうかと思う。こういうことは何かの学術関係の雑誌に報ずべきだろうか、私は「あいずみ」にかきたくなった。ここにはすでに藍作関係のものが重要有形民俗文化財として指定されている。ゆくゆくはこの町で広く日本における藍作を含む染料が集められて、染料博物館のつくられる事を待望する。そしてその研究のためにはどうしても藍住町へゆかなければならないというようにまで権威あるものにしたい。「広いよ

うで世間はせまい」とよくいう。その通りだと思う。藍住の町を通じて人間的にもお互こんなにむすびついている。

（「あいずみ」七三号、徳島県藍住町、昭和三十年十月）

民俗調査の意義

古い民俗はいま急速にほろびはじめている。とくに日常生活に密着しているものの消滅がはなはだしい。そういうものは多く封建的といって片づけられる。そのうえ古風をまもっていた老人が死んでいく。とくに読み書きを知らず、見たことききいたことだけで物をおぼえていた老人はもうほとんどいなくなった。

時勢にあわなくなったものがほろびていくのは当然のことであるが、たとえほろびるにしても、そうした古俗を書きとめておくことには重要な意味がある。戦後民衆の歴史がすこしずつ明らかになって来たのについては、戦前、物好きと言われつつ、もうけにもならず、役に立つとも見えないようなことをこつこつとしらべたり、記録したりした人たちの努力があったからである。そしてそのような作業は今後もつづけなければならないものだと思う。

ただ戦後奇妙なことが一つおこった。民謡や民俗芸能の復活流行である。テレビやラジオがとりあげたことが最初の動機であったと思うが、最近では観光客を相手にし、観光客を呼ぶための流行である。その初めは素朴で、服装なども着古したようなものばかりであったと思われるが、すっかり洗練されりっぱなものになった。そしてその民俗的な力強さや、あふれるような生命の躍動は見られなくなって来た。だからもとのおもかげはなくなってしまって、民俗芸能ではなくて民俗的芸能になってしまった。それはそれでよいとしても、これらもともとの姿は記録しておく必要がある。それがなぜいかにかわっていったかということの中に歴史的な意味がある。

こうしたほろびゆくもの、かわりゆくものの調査や記録は、もう民間の一部篤志家の努力を期待するだけではどうすることもできなくなっている。そして今日では政府も民俗や民俗芸能の調査や保存にのり出すことになった。

ところで中国地方にも記録し保存しておきたい生活や民俗は多い。瀬戸内海方面から見ていくと、海の生活がある。帆船乗りの生活など、もうすっかりわからなくなろうとしているが、帆一つをたよりの生活であるから、信仰にちなむ行事も多く、またお互いの助けあいもみごとであった。船が港にはいって来たときの作法や、これをつなぐための他船の協力、難破したときのいろいろの慣習なども、今ならばまだあるていどまで記憶する老人があるであろう。次には庶民の生活がある。戦前進藤松司氏によって『安芸三津漁民手記』が書かれたが、それ以後これほどまとまった生活誌はでていない。最近この書物は再刊せられたが、著者の手紙によると、三津の漁民習俗もすっかりかわってしまったという。それにしても今治・尾道吉和・蒲刈三ノ瀬・因島箱崎・下津井・牛窓・家島などではまだ古い習俗がかなり残っているのではないかと思う。

ことに家船の生活はつぶさに記録にとめておきたいものである。また製塩とそれにともなう労役関係の習俗もやがて記憶の中から消えてゆくであろう。そのほかこの地域にもと多かった若者組、若者宿、娘宿などの若い者の組織と古い婚姻制度、末子相続、隠居制度も調べておく必要がある。内海の島々では出かせぎの歴史も古い。しかしまとまって調査されたものはない。言いかえると何一つまともにわかっているものはないのである。

山陽側の平地山地について見ると、山口県の神舞《かんまい》・広島県のカグラ(神楽)、大田植なども、特徴ある行事といってよいが、このほうはさいわい山口県では御薗生翁甫先生、広島県では新藤久人氏のような方によって調査が進められている。カグラ・大田植は島根県にも多く見られ、そこでは牛尾三千夫氏の調査が光っている。次に広島・岡山・島根・鳥取にかけての砂鉄掘りとたたらの生活調査もほりさげていかねばならぬ。さいわいこれにも「たたら研究会」があって、同好の士の研究が進んでいる。広島・岡山山中の牧牛の民俗も見おとしてならぬもので、牧場のあり方が村落構造に大きな影響を与えている。また内陸と海岸をつなぐための川を中心とした民俗なども根本的な調査がなさるべきものと思う。この地方にはまた念仏踊系の芸能がいくつか見られるが、これは時宗と関係あるものであろう。

山陰側では石州半紙に関する技術や伝承をはじめ、出雲地方の頭屋行事(宮座)、つきものなどがまず目につく。つきものについては石塚尊俊氏のすぐれた研究があるが、それで完成しているわけではない。また島根地方にかかって見られた株小作の制度なども、今日それが廃絶しているだけにできるだけ明らかにしておかねばならぬ。
そのほか山村における共有林の利用や分割についても、そこに所有観念の発達過程を見ることができる。要するにこれらの習俗や行事や制度の中に民衆生活の歴史があり、そこに民族文化の根源的なものをさぐりあてうるのである。

（「中国新聞」昭和三十六年）

風土生産書と注進案

昭和三年の冬休みであったとおぼえているが、大島郡の出稼の歴史〔専攻科修了論文「周防大島郡の移民」〕を書くために資料をさがしに役場へいって倉庫の中をさがしていると風土生産書という一冊を見つけ、他の資料とともに借りて来て一通りよんだことがある。古い字になれていなかったためによめないところがたくさんあったが、それにしても故里の歴史を知ることができて深い感銘をおぼえたのである。それからずっと後のことであるが、隣村の社家を訪れたとき、その村のおなじような風土生産書を見せてもらったことがある。この方はそのうちうつさせてもらいましょうと言ってわかれたのだが、それきり機会がなく、戦後その社家を訪れて見ると神主さんはもう死んでおり、跡とりの人にきくと、どうもそういう資料は見つからないとの事でがっかりした。風土生産書というのは風土注進案に関連のあるもののようであるが、注進案よりはかなりくわしい。地名の解説と沿革の部分が注進案よりはずっとくわしく書かれている。生産書を見たのはこの二冊だけであるが、私の村のものも昭和三十年に役場の倉庫をくまなくさがしたときどうしても見つからなかった。またおなじ年に大島郡内の各役場の倉庫をくまなくさがして見たが、どこでもそういう資料を見つけることはできなかった。風土注進案がつくられたあとできたものか、風土注進案をつくるための下書としてつくったものか、そのあたりの事情は石川氏におうかがいして見たいところだが、とに角おしいことをした。

この二書を見てから別に風土注進案というもののあるのを知り、この方は山口図書館にそろったものがあることも御薗生翁甫先生におしえていただいた。ところが昭和十六年頃であったか、故戸谷敏之氏と地方史料の事についてはなしているとき、注進案のことをはなしてあげると大へん喜ばれて、是非見たいものだということになり、それには山口図書館へ行くよりほかに方法がないだろうと話しあったが、それから間もなく、小野武夫博士からきいたとて、東大図書館に長防風土記の名で完本のあることを、今度は戸谷氏におしえてもらい、郷里のものを持って来ていただいて、重要な部分をうつすことができた。これが風土注進案を見た最初だが、生産書よりはるかに簡単なものであった。あるいは長防風土記と注進案はちがうのではないかと思って、その後山口へいって御薗生先生のお宅へお宿を願って、一週間ほど図書館へかよい、地下上申・注進案・郡中大略など大島郡関係の部分を抄写したことがあり、それによって風土記と注進案は同一のものであることも知った。

その時、小川五郎先生から、これを活字にできないものであろうかとの事であったので、東京へかえって渋沢敬三先生に申しあげると、戸谷君も口添えして、江戸時代につくられた地方誌としてはもっとも正確詳細だと推奨して下さったので、先生も乗気になり、当時東京はかなり出版事情がわるくなっていたから、山口で印刷してくれるようなら是非援助申したいと承諾していただいた。私はまったく天にものぼる思いだった。当時活字になっていたものは大津郡宰判のもの、高千帆村、小郡宰判のものなどがあった。渋沢先生のお目にかけたのは高千帆と小郡のものであった。早速そのことを小川五郎先生に御通知したが、出版事情の行きづまりは東京も地方もかわりがなかった。すぐれた文選工、植字工たちがみんな戦地へとられてしまっていたのである。それですっかり沙汰やみになってしまったのであった。

さて終戦を迎えて時勢はすっかりかわり、財閥解体などで、渋沢先生も文化事業に対する援助が十分できなくなられた。私も山口でうつして来た資料をすっかりやいてしまった。しかし山口へゆく機会もないので河岡武春君にたのんで注進案の大島郡の部の数字だけうつして来てもらった。その後岡本定君ともはなしあい、大島郡の部は大島郡の有志だけで写しとり、プリントにでもして出版しようと資金つくりを考えていたがなかなか容易でない。そういうところへ、山口県文書館からこの書物の刊行が発表されたのである。ほんとに喜びにたえないところであるが、同時にこの事業にたずさわっている方々の御労苦を心から謝したい。ただ私の気になることは、風土注進案と風土生産書が各村ともに内容に精疎差異があるのかどうかということである。たとえば西方《にしがた》風土生産書では西方というところは六〇戸ほどが光政本郷と正地《しょうじ》皆地《がいち》の二つに別れていたと生産書にあり、また御領川という地名のところを掘ったら底はずっと砂になっていたなどという記事が生産書にはくわしく書かれていたが、注進案には見えない。そうした差異がいたるところに見られたのである。風土生産書とはいったいどういうものなのか。他の地方ではどれほどのこっているのだろうか。私には知りたいことの一つなのだが皆さんの方にはすっかりわかっている事なのだろうか。いちどそういう事を石川さんにもじっくりおうかがいしたいと思いつつ、機会もなく日だけがすぎていく。

（「防長風土注進案付録」一三、山口県文書館、昭和三十八年六月）

〔註：「風土生産書」は「風土注進案」の稿本で大島郡のものは文書館に所蔵されている。ただ、西方村のものは先生が役場で見たものとは内容に違いがあり、生産書の第一次稿本ではないか、という石川卓美氏のあとがきあり。〕

地域と因習

都会の因習　因習というのは古くからみんなの間でおこなわれてきたことが、日がたつにつれて昔の精神がわすれられ、その習慣がかえって世の中にわるい影響をおよぼすようになったもののことです。そのような因習は田舎にのみ多いように思われていますが、都会生活の中にも少なくありません。

無駄をなくそう

たとえば、正月や盆に、自分の世話になったところへ、何か手土産を持って挨拶にゆく風習など、もともと大へん奥ゆかしいものであったと思います。というのは昔は足袋一足とか、砂糖一袋とか、あるいは野菜一籠というように持っていく方でそれがたいして大きな負担にならなかったのですが、近頃だんだん華美になってきて、それこそずいぶんお金のかかるものを贈るようになりました。贈物ははでになったけれど、本人が持っていくのではなくて、百貨店などから届けさせるというのが多く、本人は挨拶にもゆかないというように、形式だけになってきています。

お祭などもその一つでしょう。もとは一定の町内に住んでいたものが氏神さまをまつり、町内中が出て神輿などかついでたのしんだものでした。いまもそうした風習は見られますけれども、最近では町内に昔から住んでいたものは少なくなり、よそから来て住む者が多く、したがってその土地に対するなじみもうすく、町内の神社に対しても氏神としての親しさを持つものが少ないにもかかわらず、町内会からお祭の寄付を強制的にとりたてられるということがあります。

昔から都会の生活は、ともすると華美になりすぎて、無駄が多くなるからつつしむようにといういましめがたびたび出ていますが、それは今もかわらぬことですし、一人一人が自分の収入に応じて暮らしをたてていくのならよいのですが、一人が華美な支度などすると、それほどの収入もないものが、これにならうとか、あるいは無駄とわかっていても、周囲がそれをやっているために、自分もそれにならうという例が、つまり流行が多く、それにともなって無駄が重なっていきます。

たとえば長崎の町のお盆の精霊《しょうりょう》おくりなどその例だと思います。お盆に先祖を迎えておまつりし、盆がすぎるとこれを送るのは、日本の古くからのならわしですが、長崎の町では、前年のお盆からその年のお盆までの間に死者のあった家では、それぞれ精霊船をつくります。船の形をしたものに何十というほどの提灯をさげて大へんりっぱなものですが、盆の十六日の晩にはその提灯に火をともし、親族や町内の若者たちが町中をかつぎまわって、海へ捨てにいくのです。海へ持っていって流したのでは精霊船で港が一ぱいになってしまうので、岸壁に団平船《だんべいぶね》を横着けにしておいて、その中に投げこませます。すると団平船の人たちはそれを足で踏みつけて、提灯の火を消します。そうして次々に精霊船が投げこまれて船へ一ぱいになると、港外はるか沖合まで持っていって捨てるのです。こうして一晩の中に団平船何十艘分もの精霊船を捨てます。町をあげてさわぎたてる華やかな行事なのですが、見ていてほんとにもったいない気がします。

もともと海へ送りに行く精霊船は小さなものでした。そして心をこめて送ったものでした。ところが次第に大きくなり、またはなやかな行事になって、だんだんやめられなくなってしまいました。

新しい姿　都会の生活の中にはこうした見えを張る風習がいくつもあります。それが自分の生活を苦しめ、また他人に迷惑にならぬものであればよいのですが、いつか他人に迷惑をかけるようになってきます。

しかしそうした中にも新しい反省がなされつつあります。たとえば長崎の場合でも死者のあった一軒一軒が精霊船をつくるのでなく、一つの町内で一つ作って送るというところもあります。また関西地方には祭などにも神輿をかつぎまわってさわぎたてるのでなく、神輿は一ヵ所にかざっておいて、若い人たちは、文化的な催しや演芸などやっている町もあります。
しかし今の都会は、古い因習に苦しめられているよりも、目まぐるしくかわってゆく経済や文化や世相が古い秩序をこわし、しかもそのあたらしいもののよしあしの判断も下しにくくて、新しいものにもなかなかついてゆけないところに問題があり、なやみがあると思います。それについてたった一つ言えることは、一人一人がしっかりして、因習にもとらわれず、新しいものをも批判する力をもつようになっていく努力が大切ではないかということです。

（「ラジオと学校放送―ことばと文学・ホームルームの話題」三巻二号、ＮＨＫサービスセンター、昭和三十九年九月）

正月の神様

お正月ァんどこまで
坂東山の麓まで
木っ葉のような餅しょって
油のような酒しょって
ござったござった　（栃木）

昔の人は、正月には正月様という神様がいて、それがどこか遠いところからやって来るものだと信じていました。その正月様はどんな神様だったでしょうか。鹿児島県屋久島では正月様を年の神と言っており、年の神は山から下って来る者で、白いひげをはやし竹蓑を着たものと、赤いひげをはやして棕櫚蓑《しゅろみの》を着たものとがいて、袋をかついで子供のいる家々をまわり子供がわるいおこないをしないようにいましめて行きました。同じ鹿児島の甑《こしき》島ではその年神様が子供たちのためにお餅を持って来てくれたといいます。サンタクロースに大変似たところがあります。

秋田県男鹿半島のなまはげという鬼の姿をした神も子供のいる家をおとずれて怠けもの、親の言うことをきかない子をいましめて行きますが、なまはげの「なま」は「なまみ」のことで、炬燵などに長いあいだあたっていると赤いあざのようなものができますが、それのことで、「はげ」ははぎとることです。つまり怠け者をいましめることなのです、

家々の前に立てる門松も正月の神を迎える目じるしだったのです。東北地方では十二月二十七、八日ごろに山へ門松の木を伐りにいきますが、これを松迎えといい、松を伐るにも拝んでから伐り、それを家の前まで持ってかえって前の畑に立てておき、大晦日にあらためて門口に立てます。神はこの松を目じるしにしてその家を訪れるものと信じられていました。そして正月神は先祖様であるとも信じられており、また鬼の姿をしているとも考えられています。愛知県三河地方の山中に古くからおこなわれる花祭という古風な祭にはたくさん鬼がでますが、幸福な春をもって来るものとして、鬼の大将の榊鬼は尊敬されていました。

人びとは正月神を迎えて一年中の幸福や健康を祈りました。関東地方では目なしだるまを買って来て、願望がかなうと目玉を書き入れて神社の境内におさめる風習がありますが、そのだるまを売るための市が方々にひらかれて大へんにぎわいます。

そのほか幸福や健康を祈るための行事は方々に見られますが、大阪市今宮の十日戎《えびす》などは商売繁昌を祈るためにごったがえしてにぎわいます。

正月がすぎると神様はまた遠くへ帰って行くと考えられ、十五日にそれまで飾ってあった門松や注連縄をはずし一ケ所に集めて焼きました。これをトンド・ドンド・左義長などと言い、長野県地方では三九郎焼きとも言っています。正月の神はこの火の煙に乗って帰ると信じられ、子供たちは書初めの紙を火で焼き、その灰が高く上ると字が上手になるといわれています。

（「花椿」復刊一七五号、資生堂、昭和三十九年十二月）

日本のおんな ―美八景

1　おんな―太陽

古代にあって女は太陽であり、地の母であった。子を生みこれを育て土を耕して作物をつくる。女は男たちのように争うことも少ない。またなまけることも少なかった。彼女たちはやさしくしかもたくましかった。そして男をひきつけずにはおかないものを持っていたから、男にとって女は驚異であり、あこがれのシンボルであった。また、神の声を聞く不思議な力があった。男たちは女を通じて神の声をきいたのである。

そのころ男は女のもとへ通って女の歓心を得ようとした。そしてそのためには遠い道もいとわなかった。神話の中にそうした話をいくつも見出す。だが一般の民衆はかならずしも遠くまで出かける余裕は持たなかった。しかも家族近親の結婚は早くからタブーとなっていたので、姓を異にする女たちの近くに住もうとした。こうして姓を異にする者ができるだけ相集まった。村はそのようにして発達していったのである。

2 おんな―月

女の地位の高かった平安時代初期までの女の姿は、いかにもゆたかな肉付きとやさしさとしかも自信に満ちた眼をもっている。だが村落社会が拡大し、またそれらの連合と抗争がくりかえされ、権力や武力によっての統一が進んでくると男の地位が高まり、女は男たちの社会秩序の中から疎外されるようになる。そして妻は男の家に入り、男の家を自分の家として子を生み育て、また作物をつくり家を守る。そのとき女はもはや太陽ではなく月になっていた。女の美は女自身の持つ健康と自負の中から創造されていくものではなく、男が求め男が欲するところにしたがってその美をつくったのである。江戸時代の浮世絵の中の女たちにそうした美を見出す。それはひとつには女を罪深くけがれ多いものとする仏教思想の浸透と、武家社会における政略的な人質結婚の流行が、女の社会的な地位を低くさせたことにある。にもかかわらず、男は女の美をもとめた。美女に寄せる憧憬と思慕は社会的な秩序をこえて強かった。

そしてその美は遊里の世界を中心にして咲きほこった。

女が女の自覚と英知の中から美を生み出していくためには、まず男に従属する立場から抜け出さねばならない。明治大正はその自覚の芽生えの時期であり、第二次大戦後全面的に男性から解放の機会を得た。女たちははつらつとした美しさを取り戻すにいたったのである。その服装、その化粧の仕方などいかに多様多彩なことか。それは男のよそおいの画一的なのに対して著しく対照的である。

3　おんな――はは

男が戦闘にいのちをかけ、また政治欲や権勢欲に血道をあげて争っているときも女は子を生み育ててきた。そしてそのいのちのすこやかに限りなく生きつぐことを祈った。女が子を生むにあたって産屋《うぶや》をたてそこにこもったのも新しく生まれるいのちを災いから守り、多くの幸を身に受けさせるためであった。だが日本では仏教伝来以後、女たちが産小屋《うぶごや》で子を生むのはその母屋が血によってけがされないためであると考えるようになった。月々血を流し、また子を生むにあたって血を流す女をけがれたものとしたのである。

世の思想がどのように変わろうと、女の社会的地位がどんなに変化しようと、女たちは依然として子を生み育ててきた。そこには女の持つ宿命への素直さと同時に明るさがあった。男たちは女の美の中にそうしたものを求めた。今日まで男たちが描きつづけてきた女の姿のなかにそうした母への思慕にも似た気持をよみとることができるように思う。若い女の美は新しいいのちをはらむ可能性の美でもあった。

4　おんな―おどりめ　女は神の声をきくことができた。神の声をきくために祈り、また舞った。舞がはげしくなれば踊りになる。出雲巫女の舞の中から歌舞伎も生まれた。そして京都の人びとの血をはなやかにわきたたせたのである。巫女は出雲ばかりでなく、熊野にも伊勢にも石清水にも、その他の有名な社にもいた。時には神社をはなれて遠くへも遊行することがあった。そして神の声を人に伝えるばかりでなく、遊芸をおこなって人の心を楽しませもした。

遊女はその初め多くは巫女であったといわれている。もともと踊りという言葉は男取りを意味するものであろう。相手の心をひくために踊り狂ったのである。男女がともに歌い踊る風習は古代からあり、歌垣ともかがいとも言った。常陸や肥前の風土記に見えているが、いたるところに見られたものであろう。歌い踊ることによって心はときめき、また日ごろとちがった相手のはれの姿をそこに見ることができた。南方の島々では、月の美しい夜、波寄せる浜に出て蛇皮線をひきつつ、男女ともに歌う風がある。美しい恋ははれやかである。

5　おんな―おとめ　女のもとに男がひたぶるにかよいつづけているときは女は春の花のように咲きほこっていればよかったが、王朝時代になると色好みが男の徳の一つに数えられ、待つ男の来ぬ夜も多くなる。だからといって女のほうから訪ねて行くこともならぬ。王朝の恋は女にとっては四季のうつろいのようなはかなさをおぼえることもあった。だがひとたび恋の語らいをした者からは人を待つ心がきえなかった。その心を三十一文字《みそひともじ》の女文字に託して男に示すことが、女にゆるされた数少ない意志表示の一つであった。仮名文字は女のやわらかにかげりのある心を表現するものとして生まれた。

だが文字を持たない人たちはどこかで出あって語らいをするよりほかに道がなかった。祭の日、盆の夜などは若い男女の出あうのにまたとない機会であり、美しいよそおいと歌や踊りが二人を結びつけていくくさびになったものであるが、封建社会にあっては義理や世間態にしばられて悲恋に終わることも多かったのである。若者たちの恋はもともと両方が出会って語るべきものであった。

6　おんな―くわしめ

女は内に満ちあふれるいのちのかがやきがあってこそほんとに美しい。しかし封建の世にあっては女の美はむしろ男から与えられたものであった。近世に入って女が美しくなったのは遊里からであった。平安のころ女は多く垂髪《たれがみ》であったが、中世の終りごろ、遊女たちは前髪にふくらみをつけ、垂髪をまげて島田髷《しまだまげ》にし、その髪をさらに油や鬢付《びんつけ》などで大柄に結い、櫛笄《くしこうがい》や簪《かんざし》でかざり、男の歓心を買うようになる。着物もそれにつれてあでやかで美しくなる。花鳥の模様や縫取りの模様をあしらい、袂を長くした振袖、一幅もある帯を結ぶようになったのも遊里の女たちであった。さらに行きずりの人の眼にはつかぬ下着や長襦袢を上着にもまして明るい色にしたのも、すべて男の歓心をひくためのものであったと言っていい。

だが働く女たちの身にぴったりあった筒袖やもじり袖の着物に時には襷《たすき》をかけ、もんぺをはき笠や手拭をかぶった姿も、いかにも軽快で美しい。その着物に、健康なからだの線がうかびあがって、若いいのちの息吹きを感ずる。

7　おんな―ゆいめ

女が家にいて、男が通って来る時代には女の地位はかならずしも低いものではなかったが、結婚によって女を男の家に引き取るようになったのは、男の家で働き手がほしかったからで、女ははじめ夫の家と親許を往来して働いた。嫁という言葉もゆい（交換労働）をする女、すなわち、ゆいめの訛ったものであろう。そして子ができれば夫の家に住みつき夫が戸主になれば主婦《かか》になって、家の台所の実権をにぎる。

しかし主婦になるまでの嫁の座は低いもので、小づかいさえ十分にはもらえぬのでひそかに働いてもうけたり、夫に内密で物を売って金をつくることもあった。そして子の着物や学用品など買う金にあてた。この金をホマチ、マツボリ、シンガイなどとよんでいる。

近ごろは男が出稼ぎのため遠方へいったりまた会社や役場などに勤め、女が炊事、洗濯から田畑の仕事まで一人できりまわしているものが多い。そればかりでなく、夫の働きだけではなお十分生計も立ち難い。女は家のために働きすぎるほど働いている。

8　おんな―にょうぼう

村々にのこる近世の宗門人別帳には、家の戸主の次にただ女房とのみ書いて本名の記してないものが多い。女房以外の女は名が書いてある。古く八～九世紀ごろの戸籍には妻の名も書いてあった。女がその実名をあらわさなくなったのは平安時代のころからで紫式部、和泉式部などというのは実名ではなく宮廷における女房名であった。遊女も白妙、花漆などと実名以外の名をつけている。大阪付近では女中も、おうめ、おたけ、おまつ、などと実名以外の名でよばれた。

女にはなぜこうした習俗が見られたのか。男の世界には叙位叙勲があり、役職があったが、女は男の秩序の中へは入ることを許されなかった。女の場合はその社会的な身分を表わすために通り名でよんだ。女の実名は家庭内でよばれる程度で、それも若い者に限られ老女は、ばあさん、主婦は、かかで通っていた。主婦に名はいらなかった。かかとして母としてその家の主体として、家の生命を守り、その家を後の世まで伝える役割を果たしたのである。

（「太陽」№一九―特集 日本のおんな、平凡社、昭和三十九年十二月）

虫送り拾遺

近ごろいろいろの殺虫剤が発達して、蚊も蚤もずっと少なくなったし、稲の害虫などもめっきりへってきた。そして、それはわれわれにとってありがたいことであるが、一方それによっていろいろの風物がきえた。ホタルがとばなくなり、カエルの声もほとんどきかなくなった。ツバメすらがめっきりへってしまった。と同時に、虫にちなむ行事もきえてゆきつつある。虫送りなどもその一つである。

田植えをすますと、サネモリさまという藁人形をつくり、それを子供か若者たちにかつがせて、鉦や太鼓をならしながら田のほとりをあるいて、村はずれの川か、または海へ流す風習が方々にあった。そのサネモリ送りが夜おこなわれることもあり、そういう時は松明《たいまつ》をともしてあるくので、それが田の水にうつって、とても美しいものであったという。

サネモリは斎藤実盛で、加賀の篠原《しのはら》の合戦のとき、馬が稲株につまづいてたおれたために落馬して手塚太郎に討たれたので、そのうらみが稲虫になって田をあらすようになった。それで実盛さまをおくって稲虫の害をふせぐのだという伝説が西日本にはひろくおこなわれているが、柳田国男先生はサネモリはサノボリのなまったものであろうといわれた。サノボリは、田植えのしまいのことで、もとは田の神が天へのぼっていくように人びとは信じていたものであった。

虫送りの行事は愛知県あたりから西の方に多く見られ、東日本には少なかった。この行事は享保十七年(一七三二)に稲虫の被害による大飢饉があり、その時大きな被害をうけた地帯にとくに盛んにおこなわれるようになったといわれるが、ここ二十年ほど稲虫の被害もほとんどない。世の中もかわった。

ただ、青森県津軽地方の虫送りの虫は、大きなヘビの形をしたもので、これを村はずれの木にかけておくのだが、いまもおこなわれていて、この地方の風物の一つになっている。

(「郷土誌あれこれ」五号、久小長屋、昭和四十五年七月)

民具について

歌謡曲と民謡の差　民具ということばは聞きなれない。民芸品ともちがうし、道具ともちがう。概念を規定するならば、手づくりであること、しろうとがつくったか半くろうとがつくったもので、民衆が使うのを目的としたものといえばよいかと思う。歌謡曲と民謡の差を思い浮かべればよい。

民具は実用品であり、その多くは使い捨てるものであったから、古いものはなかなかのこらない。土によごれ手あかによごれているので、これを振り返って見るものは少なかった。その中で少し凝ってつくったものがあると民芸品などと称して珍重するものがあり、そういう人に媚びてまがいものをつくることも近ごろ流行しているが、民具にはそのような媚びもなければ、美しく作って高く売ろうという野心も少ない。買って使ってくれる者が気心の知れた仲間だからである。

ところが、最近機械製品や化学製品がはんらんするようになって、そのほうが美しく手軽で便利なものだから、みなその方を使うようになり、民具はほとんど顧みられなくなり、みるみるうちに姿を消しはじめた。しかもなくなるともう一度つくろうとしてもつくる技術さえ失われている。そこでその保存が考えられるようになった。

民具の出回りと離散　一方、最近は山間にたくさんダムができる。そして民家が立ちのきを強《し》いられる。すると多量の民具が廃棄せられる。そうしたものに目をつけて百貨店などが買いあさり、展覧会を開いて都人士に高い値で売りつけて大きな利益をあげている。そしてそれが一つの流行になってきた。最近の相似たような間取り、家具はそれなりに住み勝手がよいが、長く住んでいるとそこには生活の厚みを感ずる何ものもない。人が石をもてあそびはじめたのはそのためであったが、それだけではまだすまぬものがあって、次に目をつけたのが民具であった。徳利や壺のようなものは不要になれば庭先か縁の下にころがしていたものであるが、近ごろはそういうものを古物屋がどんな山中にでも買いにくる。

民具を保有している農家よりこれをほしがる市民たちの数の方が多ければ、たちまちのうちに底をついてしまうのであろう。そのことによって農村がほんとに近代化するのならよいのだが、むしろその生活を追い立てられ自信も何も失って、土地を離れてゆくものが多い。民具の出回りは、人が土から離れてゆく現象ともみられるのである。

日本の農民たちの生活はつつましいもので、金物などほとんど持っていなかった。農家にある金物といえば鍋釜包丁、鍬鎌《くわかま》くらいのものであった。そうした生活の中で自製できるのは藁製品くらいであった。藁細工は農民の間に実によくゆきわたった。あとは紡織であろうか。大工道具を使わなければならぬようなものは大工をやとってつくってもらったし、竹細工はその技術のあるものをやとった。店屋で買うこともあったが、家に材料のあるものは技術をもつ人をやとってつくらせ、どれほどの時間がかかったかを見て賃金をはらったものである。だから竹の多いところには籠が多く、杉の木のあるところには桶が多いというふうに、それぞれの土地の特色も見られた。

家々の性格と文化の厚み　茶碗や壺、甕《かめ》のような陶器類はよい土と特殊な技術がなければならぬ。そこで産地がおのずから限られ、これを必要とするものは遠方へ求めなければならないことが多い。そのことから一つの産地の陶器がどのように分布していったかを追跡することもできる。陶器はくさらない。それで比較的古いものがのこる。それらを見ることによって、交通の変遷と文化がどのように複合していったかをも知ることができる。

また民具の保有量は一軒々々によって量的にも質的にもちがう。そこに家々の性格もおのずからうかがわれるばかりでなく、その家の持つ文化的な厚みをすら見ることができる。こういう角度から民衆の文化を追究しようとする学問は容易に発達しなかった。故渋沢敬三先生が昭和の初めごろから熱心に民具研究の必要を説き、パイオニアとして道をきりひらいていったが、あとに続くものはそんなに多くはなかった。それが昭和三十七年文化財保護委員会で民俗緊急調査がすすめられるようになり、民具への関心も深められることになった。

明らかでない民衆の歴史　そして最近では、各地に郷土館や民俗資料館もたくさんつくられはじめているが、それが単なる回顧趣味的なものであってはならない。これは日本民族の文化構造を見てゆくうえの実に重要な手がかりになるものである。心なき人びとによって散逸させられてしまうまえに、これを学問の対象としてとりあげたいものである。

口に民衆のエネルギーを説き、民衆の文化を説くものは多いが、民衆の歴史はまだ何ほども明らかになってはいない。しかし研究の手がかりになるものは多い。民具もその一つである。

（掲載紙不明。同文で「民衆の歴史を語る民具」と題して「熊本日々新聞」昭和四十五年八月二十二日に掲載あり。）

風呂のはなし

日本人は入浴好きだといわれている。それにはいろいろの理由があったと思う。その一つは湿気の多い国で汗をかきやすいということであった。それが水浴の習俗をひろめていったことは想像できる。神に仕えるにあたっておこなうみそぎも身体についたよごれを取り去ることによって神に仕える資格を得ると考えてのことであろうが、それほど身体がよごれやすい条件の中にいたとも言える。

海水にひたると無病息災　われわれが生れて最初におこなう湯浴《ゆあみ》を産湯《うぶゆ》といっている。いまは普通の水をあたためてその中に生児をひたして洗っているが、もとはその水が特別のものでなければならなかったことは、「産湯の井」というものが残っていることでもわかる。たとえば奈良県吉野地方では産湯は海水であることが条件になっていて、産婦の出産が近付くと、身内の者が二見浦か紀伊の和歌浦まで、海水を汲みにいったものだという。大阪府和泉葛城山中の村々でも、大阪湾の浦々まで海水を汲みにいっている。河内滝畑というところでは塩淵といって塩分を含んだ水のわき出るところがあって、そこへ産湯の水を汲みにいったというから、この地方では早くから海水に霊力をみとめていたのであろう。

海岸地方では昔は今のように海水浴をすることはほとんどなかったけれども、日をきめて海にはいらねばならぬ日があった。土地によって多少の差はあったが大阪の住吉神社の祭の夜は、海水が住吉から熊野の方へ流れていって湯になると信じられていて、その海水にひたると無病息災になるとして、老若男女をとわず海に入る風習があった。昭和の初め、私はたまたま和泉の海岸でこの風景に接したことがある。暗い海に何百何千というほどの人が浸っているのは異様な感を与えられたものであるが、昔は海に入ってよい日と悪い日があって、入ってよい日にはこのような風景もみられたのである。とくに海に入ることによって、身のけがれを払うことができると考えたのは、やはり海水の塩分に霊力をみとめてのことであろう。また西日本地方の村々ではお潮井といって、竹を伐って節の所を底にした小さい桶をつくり、これを小さい竿に吊りさげ海水を汲んできて家の内外を払う風習が広くみられるのも同じ理由からのことであると思われる。しかし、水の中に含まれていて霊力をもっているものは塩分だけではなく、各地にわき出る温泉の含有物も同様で、温泉発見伝説がそのことを物語っている。狩人が鹿だの鶴だのを射ったが死なずに逃げていった。後を追うと、ある泉のところへいって水浴をはじめた。しばらくして、水から出てゆくときはすっかり元気になっていた。おどろいて泉の所へいってみると、ただの清水ではなくて温泉であった。そこで人間も利用するようになったというのが、温泉発見伝説にみられるモチーフの一つである。

聖徳太子が入った道後温泉　日本人が温泉を利用した歴史は古い。文献をしらべてみても、聖徳太子が伊予の温泉（道後）にゆあみして、碑を湯岡にたてたという記事が伊予国風土記（逸文・釋日本紀巻一四）に出ている。これを初めとして、摂津有馬の湯には舒明・孝徳が行幸して、そこに行宮《あんぐう》をもうけて浴したのをはじめ、京都の公家たちがしばしばここに遊んでいる。また斎明天皇の三年（六七五年）には、有馬皇子が紀伊の牟婁《むろ》の湯（今の白浜温泉）にいき、その翌年には斎明天皇がここに行幸したことが万葉集に見えている。そのほか貴族の温泉への遊行はしばしばおこなわれ、東国では信濃の束間の湯、下野の那須の湯などが早くから知られている。そして中世に入ると草津・伊香保《いかほ》・伊豆走湯《はしりゆ》・熱海・箱根・伊勢薦野《こもの》・加賀山中《やまなか》・但馬城崎《きのさき》・出雲玉造《たまつくり》・熊野湯の峯・筑前武蔵・次田・豊後赤湯などが世人に知られて来、近世に入るとさらに多くの温泉が民衆に利用されるようになった。

着物を着たまま入る　地中から温湯のふき出ることすらが不思議であったが、それがさらに療病に役立つということは人びとにとって霊感を感じざるを得ないものであっただろう。そしてそこに温泉神社・薬師仏などをまつって、その守護をも祈ったのである。温泉は一日はいっただけでは効果がない。そこで何日かそこに滞在する。滞在日数を七日ないし十日ぐらいを一単位として一カワ、一メグリなどといっており、湯治に来た者はたいてい一カワで帰るということはなく、三カワ四カワと滞在した。多くは自炊していたもので、村の人たちは湯治にいった者の日数が長びくと、湯治見舞といって御馳走を作って見舞いにいったものである。湯治はどこまでも療養が目的であり、今日のように手ぬぐいで身体をこするようなこともあまりしなかったとみえて、湯帷子《ゆかたびら》を着て湯に入ったという。褌《ふんどし》などもしたままはいったもののようであるが、十八世紀の初め頃の文書を見ていると、近頃は裸で湯に入る者が多くなったとあるから、その頃からユカタ(浴衣)を着て湯に入るものはなくなったのであろう。ただ着物を着てはいることはなくなってもユカタということばはいまも残っている。

湯のほかに蒸風呂に入って発汗をうながし、そのあと水などでからだを拭く入浴法も古くからおこなわれていたようで、その目的はけがれを去り、健康を保持することにあった。このような入浴法は西日本に早く発達したものと見えて、風呂ということばは西日本に、湯ということばは東日本に多く分布している。風呂はもともと日本伝来のものではなく、大陸からわたって来たものかと思うが、京都八瀬の竈風呂《かまぶろ》は早くからその名を知られていた。しかし蒸風呂は近畿地方以西に多くみられ、瀬戸内海にはとくにこれが多かった。

以上のようないろいろの入浴法は単に身体を洗いきよめるだけではなく、そのことによって健康・長寿をいのり、わざわいを除く心がつよく含まれていた。ところがただ汗をとり身体をきれいにすることを目的としたような入浴・水浴も近世に入って都市が発達し、ごみごみした町内での生活を余儀なくされるようになると、次第に盛んになって来る。銭湯がそれであるが、夏などはそれぞれの家で湯をわかし、たらいを用いて湯をあびる行水《ぎょうずい》が発達する。昭和の初期頃までは、大阪市の町家の露地奥での行水風景はごくあたりまえのことであった。

脱〝垢じみた生活〟は三十年代から

また銭湯のないようなところでは、風呂のある家へのもらい風呂も多かったが、組内で共同風呂をつくり、仲間の者が交代で風呂をたき、組内の者がはいる例もところどころにみられた。北九州ではこれをコガ風呂といっているところが多い。長野県ではモヤイ風呂といっている。このようにして入浴の風習は次第に全国的なものになっていくが、それでも大正時代までは入浴回数のそれほど多くない者もあって、製糸女工の歌に

あの子えらそに白粉つけて耳のうしろに垢ためて

というのがあった。そしてその頃までは、垢でよごれている者を見かけることも少なくなかった。日本人が垢じみた生活からぬけ出して来るのは昭和三十年以降で、次第に各家庭に風呂場がもうけられるようになってからではないかと思う。広島で風呂釜をつくっている工場できいた話であるが、当時関東・東北地方へ風呂釜がすごい勢いで売れたそうである。関東・東北地方ではその頃から一般家庭での入浴が盛んになって来たのであろう。

が、それにしても日本人は風呂好きの民族だといってよいのではないかと思う。全国各地にわたる温泉に大きなホテルが次々に建てられ、それがしかも採算のとれるほど入湯客があると言うことは驚異といってよい。そして今後いよいよ盛況をみるのではないかと思う。このような風景は世界中どの国にもみられない。

（「花王だより」九二号、花王石鹸株式会社、昭和四十七年三月）

絵馬

日本人は信仰する社寺や貴族たちに誠意を示す方法の一つとして贈物をする風習をもっているが、その風習の中に馬を贈ることがおこなわれた。紀貫之の「土佐日記」をよむと餞別を「馬のはなむけ」といっているが事実は馬を贈ったもののようである。馬を贈るのは年中行事にもなっていて、八月一日を八朔とよび、この日、目下の者がその主人に馬を贈ったという記録を中世の文書の中にいくつも見出すことができる。これは八月十五日の望月駒の儀礼と関連するものであろう。十世紀頃の文書に信濃望月牧から馬を朝廷に献上する行事が記されており、その馬が天皇の前に引き出されるのが八月十五日であった。そしてこの行事ばかりが有名になっているが、関東・中部にはたくさんの牧があって、それぞれの牧から八月になると次々に馬が献上されたのであった。そういうことに因んで、社寺に祈願をこめるときにも馬献上がなされたものであろうが、馬を献上することのできるものは地位も高く財力もなければならぬ。そこで貧しいものは木や紙や土で馬の形を作ったり、板に馬の絵を描いたものを神前や仏前に供えて祈願した。鎌倉時代の絵巻「天狗草紙絵巻」「一遍聖絵」「慕帰絵」などを見ると、小さい絵馬が絵馬堂や祠のまえ、神木などにかけられた様が描かれているが、いずれも馬の姿をみとめることができる。また奈良興福寺の東金堂の天井裏から、五百枚ほどの板絵馬が発見されたことがある。やはり馬の絵がほとんどであった。この絵馬は戦中戦後のドサクサの中で散佚してしまったということをきいたが、事実であるとすれば実におしい限りである。

東北地方に多い駒形神社には飼馬安全を祈ってあげた板絵馬が今でも何百枚というほどのこされているものもあり、馬の模型をそえたものもある。

ところが十六世紀頃から馬のほかに人間の手や目や足を描いたものが出て来る。病気の平癒を祈ってのことであろう。中には祈願している姿を描いたものもある。

そうした小さな絵ばかりでなく、広島県宮島に十六世紀末、千畳閣という大きな建物が造られると、この堂の中にいろいろの絵を描いた大きな絵馬があげられるようになった。この絵馬は有名で絵馬の摸写が本になって、すでに江戸時代に出されている。多分こういうことが刺戟になったのであろう。各地の社寺に大きな絵馬の寄進が相つぎ、それをかかげておく絵馬堂も造られるにいたった。香川県金比羅権現の絵馬堂は絵のよく保存せられていることで知られているが、関東平野の小さな祠に小さな板絵馬が何百というほどあげられているのを見かけることがある。それぞれ祈願することがあってあげたものである。そしてそういう信仰は今日もなお失われていない。そこに民衆のひそかな心の中をのぞきみるような気がする。

（「サンケイ観世能」パンフレット、サンケイ新聞社大阪事業部、昭和四十七年二月・『能楽百話』駸々堂出版、昭和五十二年三月に再録）

祭に寄せて

夏祭りの季節になった。

本来祭りはまつわるという言葉と起源を一つにしているものと思う。神と人びとがまつわりあうものであったのだろう。日本人は新たなる土地を拓いてそこに住もうとするとき、かならずと言ってよいほど出自の地の神、あるいは信仰する神を奉じて、その地にまつり、守護神とした。それだけではすまなくて、信仰する神々をまつってどの村の中にも夥しい神祠があり、目にあまるものがあって、江戸時代にも由緒の明らかでないものを整理したことがたびたびあったが、明治に入っても何回か整理がおこなわれた。

多種多様にまつる　しかし、国の中に神々がみちみちていたのである。神がまつられておればそれにともなう祭りがあった。その小さなものは祭日に供物を供えて祈るだけの程度のものから、通夜おこもりをするもの、客をまねいて御馳走するもの、神輿渡御をともなうもの、さらには神事芸能を伴うものなど多種多様であったが、そこには自ずからなる限界があった。それぞれの村には人口の上にも、生計の上にも、また伝統的な歴史についても限界があり、人びとはその限界の中で祭りを行って来たのである。しかも祭りの中心になるのは若者であった。村の祭りのさびれはじめたのは若者が村を出ていくようになってからで、そのため神輿をかく人がいなくなり、神輿を車に乗せて運ぶのはよいとして神殿にかざって拝むだけになったところを瀬戸内海の方々で見かけた。それでも祭りの日には他出しているものがかえって来て、御馳走を作って酒宴だけはしているというところは方々に見られる。神事芸能の中止になった村は多い。舞を舞うにも人手も費用もなくなったのである。たとえば、三河山中の花祭のなかで、もっとも古風を残していると見られる大入《おおにゅう》がもっとも早く消滅した。

戦前の復活ならず　山中の村々が急にさびしくなった時が過去にもあった。大正の好景気の頃であった。大正九年の国勢調査時に比して大正十四年の調査のときには山の村々の人口はいずれも減退を示しており、その頃神事芸能を廃したところが少なくない。神事芸能のないところでは芝居が多くおこなわれていた。旅巡業の役者をまねいたり、時には地元の者が狂言をおこなって共に楽しんだものであったが、そうした行事が急にさびれるようになったのはやはりその頃であった。そして戦争の終わるまで農山村の大半は人口が減少をつづけ、祭りもまたさびれていった。

それが終戦を境に都会で戦災にあった者、外地からの引きあげ、戦地からの帰還、疎開者などを受け入れて、農村は空前の人口膨張をし、大きな混乱にまきこまれ、体制の立て直しをするゆとりすらなかった。わずかに食料品の高騰によって農民は息をついたといってよかった。そして村落共同体を支えるような伝統的な行事の復活にまでは至らなかった。

都市の復活にともなって農村を埋めていた過剰人口がまた都市に向かって流れていったとき、そこには戦前の農村の延長としての衰退があった。

一方で観光と結ぶ　それでは都会では祭りは栄えたかというに、かならずしもそうではなかった。有名な大社の祭りは宣伝の力もあずかっておびただしい人出を見る。しかし小さな社の祭りはさびれてしまっている。祭りが共同体を結ぶ力を失ったことが一つ、それに、これまで祭りのおこなわれた道路が自動車のために占拠されてしまったからである。祭りの多くは神輿・山車の巡行を主とする。道いっぱいに人は行き、シンボルとなるものに目を向けつつ民衆の持つバイタリティに興奮をおぼえるところに祭りの意義があった。興奮を通して共感が生まれ、またよりよい明日を願ったのである。長崎のおくんち、博多の祇園、宮島の管絃祭、京都の祇園祭、東京府中のくらやみ祭など皆そこに民衆の天下が実現しているのを見る。しかし、そういう祭りのおこなわれるには民衆の力が余程強くなければならぬ。自分たちの世界を守りきることができないからである。こうした祭りには見物も多い。そうしたことから見物客を目当ての観光を主とした祭りが一方では計画され、また盛んになりつつある。阿波踊りなどはその好例で、ここでは演ずる者と見る者がはっきり二つにわかれ、両者が渾然と一つになって楽しむことはなくなっている。

欠ける遊びと興奮　しかし人びとの求めているものはそういう祭りであろうか。都会の中のように多くの人々が集まっていても、一人ひとりは孤独であり、同時にその孤独からぬけ出ることを願っている。

ここにも同じ心を持った人がいるということを発見するだけでも、人の心はおちつく。日曜日の歩行者天国が意外なほど人気をよび、多くの人出を見るのもそのためであろう。だがそこには興奮がない。人は大ぜい集まったとき、興奮したいと願う。興奮は遊びの核をなすものである。日本の祭りはもともと遊びであった。神社の祭神がだれであるかということは問題ではなく、遊びを通して共感を持ち、興奮するところに祭りの意義はあった。

近頃、団地などにいくつも祭りが発生し、貸し神輿が繁盛していることを東京浅草の神輿店できいた。都会にはこうして祭りの発生する条件とエネルギーがある。京都の町の露地奥の地蔵祭りは今も盛んで、子供たちは地蔵に化粧などほどこして歓声をあげている。

民衆が結束の手段

これらの祭りを通して見られることは、そこに周囲の者に邪魔されない環境のあるということである。そして見物人は居なくても成り立つのがまつりである。日本における村社会は、こうした環境を守ろうとする努力の中に生まれたといってもよかったのではなかろうか、今日ではこれをとりつぶすか、または利用しようとする外部の力が強く働いている。農村においては取りつぶしの力が、商業主義の社会ではこれを利用しようとする力が、しかも共に異常なまでに強くなっている。最近の新聞によると、大阪の天神祭がインフレの波におされて経費高騰のため中止されるかもわからぬと報じている。これもまた新しい外部の力といってよい。

産業社会再編成を名として民衆は古い秩序の多くを失った。しかし民衆が結束してゆくための手段の一つとして祭りはなお意義を持っている。そしてたえずそれを生み出そうとする力のあることを都会には見るのだが、それの失われたところには、もはや民衆の自主的な社会は消滅に直面しているといってもいいのではないかと思う。

（「朝日新聞」、昭和四十九年七月十一日夕刊）

民俗神事保護への疑義

土臭い民族の宗教　文化財保護法を大幅に改正する案が衆議院の小委員会でまとまったという新聞記事を見ていて気になることが一つある。民俗資料が今回は民俗文化財と改称され、その中に神楽や神官が出て来る神事を指定するというのがそれである。簡単な新聞記事だけなので、さりげなく読んだのであったが、ある日知人からそのことについての意見をもとめられて、これは私個人の考えだけでなく、多くの人の意見を聞く機会がつくられてよいのではないかと思ったので、私なりの意見をのべて多くの方の批判をあおぎたい。

私は長い間民衆の一人として、その文化を解明することに務めてきた。そしてどのように打ちひしがれても立ち直っていく民衆の力に心をうたれて来た。そうしたエネルギーをよびおこし人びとを生き生きさせた力の一つに民族的な宗教があった。それは少なくも神社神道的なものではなく、もっと土臭いものである。神社側からいえば、特殊神事といわれるものであろう。それらの神事は民衆が神の保護をうけるためにおこなうもので、いまも信仰の生きているものが多い。そういうものは民衆の単なる鑑賞対象とすべきものではないと思っていた。

戦時中に見た薪能　ところがそういうものが、民俗文化財ということばを用いることによって、指定の対象になるということははたしてよいことなのかどうか、それがかえって旧来の姿とその中に含まれている精神的なものをゆがめてしまわないのだろうかと思ってみる。憲法第二〇条に「信教の自由は何人に対してもこれを保証する。いかなる宗教団体も国から特権を受け、又は政治上の権力を行使してはならない」とある。私などこれは実にすばらしい考え方であり、そういう自由さがまた宗教心を育てていくことのもなるのだと考えている。

そのことについて一つの思い出を書く。昭和十九年十二月の奈良春日若宮のおん祭のことである。私がこの祭を見にいったのは夕方であった。芝生の上で舞楽がおこなわれていた。戦時中ではあり、寒い日で見物する者はほんのわずかであった。舞楽が終わって日が暮れて、薪能がはじまった。宵の口には多少見物している人もあったが、夜がふけるといつの間にか見ている人は地元の郷土史家・高田十郎先生と私の二人だけになっていた。

警察押し切り演能　寒い夜で私たちは篝火《かがりび》に手をかざしながら見ていたが、僧兵の支度をした警護の二人は舞台の二隅《すみ》に床几《しょうぎ》に腰をかけ、むき出しの手で長刀《なぎなた》を持ち素足のままなのである。しかし、微動だもしない。謡は音吐朗々とつづき、舞は神に入って冴《さ》えている。見物人が居ようが居まいがこの人たちにとって、それは問題でなかった。後に聞いた話だが、いつ敵機の来襲があるかわからないときに、夜間野外で火を焚くことはゆるされないと警察からきびしくとめられているのを、神事であるからとて押しきっての演能であったという。能のすんだのは、十二時近くであっただろうか、篝火を消すと真っ暗になって満天の星が実に美しかった。灯のともっていない夜道を歩きながら、高田先生が「日本はほろびないね」と感慨深くいわれた。戦いにまけることはわかっていた。しかし、敗北が滅亡につながらないという意味である。

私たちは能を演ずる人たちの姿の中に風雪にたえてゆくものの姿を見た。人に見てもらうために演じているのではない。演じなければならないから演じているのである。風雪にたえ永遠を希《ねが》う心が宗教というものではなかろうかと思ったのである。一人一人がそれをどのように持っているかということが、生活を支え文化を支える力になっている。風雪にたえられないものはほろびていくものである。風雪にたえるには、民衆がこれを支持しなければならぬ。民衆の支持があってこそ文化も宗教も今日まで生きつづけたのであり、そうでないものはほろびた。

心の支えになるか　今日の神事は宗教としての意味を失ってしまって形骸《けいがい》化し、強力な国家の力を借りなければならなくなってしまったのであろうか。宗教としての自立力を失い、単に宗教儀礼的行事の残存を文化的に価値ありとして保護するというのなら、それなりにまた意味のあることであろうが、それが宗教として生きているものへの国家的援助となるならば、むしろそれは憲法の上の疑義をよびおこすばかりでなく、民衆の側からは、それがはたして心の支えになるだろうかと思えてくる。
京都の祇園祭にしても、奈良二月堂のお水取りにしても、それを民衆が支持するようになって今日までつづいて来たのである。憲法第八九条には「公金その他の公の財産は、宗教上の組織若しくは団体の使用、便益若しくは維持のため、又は公の支配に属しない慈善、教育若しくは博愛の事業に対し、これを支出し、又はその利用に供してはならない」とある。これを専門家が解釈すればどのようにでも解釈できるかと思うが、宗教は民衆のものでありたいと思う。

（「朝日新聞」、昭和五十年五月二十四日夕刊）

伝統文化を守るこころ

――三木氏の阿波藍資料に敬意を表する

文化財保護法の改正がおこなわれるということを新聞で読んだのだが、新聞記事だけではくわしいことはわからない。こういう法案がどういう人の手によってどんな形で作られてゆくものであるかを知らない。

久しく民衆文化を調査し、またその保存に努力して来たものとは何らかかわりあいのないところで事は進んでいくもののようである。

さてそのことについて一般の人たちはどのようにして伝統的な文化を守り、これを残そうと努力しているかということについて二、三触れてみたい。

最近、私の心にとまる一つは阿波藍に関する歴史的な研究と資料の保存である。阿波は日本でも最大の藍の産地であった。その藍も今日では化学染料の進歩によってほとんど作られなくなってしまった。そこで藍商として大をなし、化学染料開発に発展した三木與吉郎氏が、その研究と資料保存に乗り出した。昭和二十九年、三木文庫を作り資料収集を企画したのが事の起こりで、昭和三十一年と三十二年には三木文庫所蔵庶民史料目録一、二を出している。そして昭和三十五年には『阿波藍譜・栽培製造篇』が刊行され、三十八年には『史話・図説篇』が出た。そのゆき届いた研究と資料の厳密な考証に、編者がこれを正確に後世に伝えようとする意図がうかがえて深く敬意を表したものであった。四十四年には、三木文庫が新築され、そこに藍関係の民具類をはじめ文献資料も整備され、一般に公開されて、研究に利用することも許された。文献資料の方も三十九年に『藍譜外篇』、四十六年に『精藍事業篇』、四十九年には『史料篇』上中下三巻が刊行され、同年和三盆（砂糖）の製造用具が国の重要民俗資料に指定されている。

文献資料のめぼしいものはほぼ活字化されたのではないかと思うが、よくその大業を完成したことは、文化財の保存に関心を持つ者にとって一応記憶されてよい事業である。この事業を完成したのは三木氏が単に富裕であったというだけでなく、深くこの事業の必要なことを感じ、その保存のために使命感を持ってのことであり、今一つは文庫主任後藤捷一氏の生涯をかけた染料史研究の学殖によるものである。ただ惜しむらくはこのすぐれた叢書は非売品で一般に売り出されていない。それだけにこの事業が世間一般に知られていない。

このようにして保存すべきものは多い。日本における石炭砿業の史料と民俗資料なども当然、、この産業に関与した企業家たちによって、保存の計画がすすめられてよいものではないかと思う。

昭和四十三年十二月創立された財団法人観光資源保護財団なども、観光資源の保護というよりも、文化財の保護のために発足したといってよかった。これは一般から寄付を仰ぎ、それによって、特に保存を必要とする、文化財に対して経済的援助をしようというものであり、それにはまた保存を必要とする個所や物件の調査にもあたっている。

いま私の手もとに調査書三九冊があるが、その中には多摩川流域自然環境保全調査のようなすぐれた報告書もあり、風葬墓地、一条谷朝倉氏遺跡、出雲玉作遺跡、長崎県下の天主堂、城下町、港町、街道、古道などの調査されたものもある。役所仕事よりはキメがこまかく、いろいろの角度から問題をとりあげていることで、その業績は高く評価されてよい。

今われわれに必要なことは、このような文化財の価値に対しての開眼と自覚、そして保存の運動である。それらはできるだけ民衆の運動に待つものでありたい。その中から民衆のエネルギーと英知は開発され、醸成されてゆくものではなかろうか。

文化財保護法もそうした民衆運動を側面から支持するものであってほしい。民衆が政府によりかかるようなことが、法制化されることによって、民衆の前向きな自主性の失われることは少なくない。今日地域社会がほとんど中央依存一辺倒になり、すべてが中央化の傾向を持って来たのも、一つは中央の補助金政策にあるのではないかと思う。文化財保護法改正案の中に神社で行われる神事までが指定対象になることを聞いて、いささかおそれをなしている。安易につくことによってむしろ神事の形骸《けいがい》化が起こってくるのではないかと思う。

今多くの人びとは祖先以来持ち続けて来た文化の価値を知り、自らの手で守ろうとしはじめているのである。その芽をのばしたい。

（「徳島新聞」、昭和五十年六月十四日）〔共同通信配信、他紙にも掲載〕

大国魂神社の鏡

府中市にある大国魂神社は武蔵の総社であった。そしてこの神社の祭には古くは武蔵の国の一の宮から六の宮までの神輿が集まって渡御祭が盛大におこなわれて来た。しかしいつの頃からか各神社から神輿の集まることはなくなって、府中の町で神輿を管理し府中市民がこの神輿をかついで渡御するようになった。この神輿は今日ではずい分りっぱなものになっているが大正の頃までは土地の大工がこれを作ったもので今も古い神輿が一基残っている。

さてこの神輿の胴に銅鏡を吊す風習が古くからあった。多分室町時代までさかのぼられるものではないかと思う。もともと鏡は神体として神輿の中に吊るべきものであろうが、外に吊ったものもあるから、この地でも中世の終頃から外に吊すようになったのであろうが、渡御のとき人々はこの鏡を手で叩く風習があったという。そのためにこわれてしまったものもあるが、神輿がこわれると鏡ははずされて保存されたようで百面をこえるほどのものが残されていて鏡の歴史を物語ってくれる。

（「芸術新潮」新潮社、昭和五十一年四月号）

農業総合博物館建設で

先年、熊本県が農業大学構想を持ったとき、参考のため愛知県試験場を見に行ったら、農具を集めたものが出来ていた。お隣の佐賀県にも農機具資料館がある。だが失礼ながら、愛知や佐賀は明治の農業発達史の中で、それほど大きな役割を果たしたところではない。むしろ熊本や福岡が古い農業の歴史のなかでは先進だ。特に熊本はそうだし、そうした歴史を知るうえにも、農業博物館のようなものが必要だと思う。付け加えると、日本人はどうして、こういうものを大事にしないのだろうかと思う。アメリカではどんな小さな町にも博物館がある。アメリカだって地方によって使った農具は違う。世界の近代的農具の創始者といわれるタルという英国人、この人が作った一七三一年のスキが、あるアメリカの小さな博物館にあるのを見て驚いたことがある。

また東南アジアでも、大学にそういうものがある。日本の耕運機のほとんどの種類がそろえてある。発展途上国でさえ、これだけの仕事をしているのだから、熊本でもぜひ造っていただきたいと思う。

要は、便利な農具だけを使わないで、昔に戻って、もっと農業精神を見直してもらうことが大切ではないだろうか。

――農業総合博物館にはいろんな造り方があると思います。建設の主役、脇役、その中身、規模、展覧方法などについてのご意見を。

宮本　規模の非常に大きいものが欲しいな。そこに行けば、熊本県の農業の変遷が、物を通して一目でわかる、それも一点主義でなくてね。肥後のマルコ犂《すき》は明治の農業革新を支えた馬耕犂の先端を行ったものでしょ。その工夫の変遷の過程が一望できるようにして欲しい。それに熊本には優れた土木技術がある。通潤橋の水道用の石とか石組みのワクなども集めて、石積み・石組みの技術を明らかにする物も欲しい。同時に石造アーチ橋のある場所の地図、写真も置くべきだ。

――風景の保存も必要ですか。

宮本　そう。御船川、緑川のハゼの並木ね。あれは全国ほかでは見られない。熊本だから存在するし、熊本人の根性を如実に示すものの一つだよ。写真ででも結構だから壁面に飾りなさい。熊本のさし木林業が見事な矛立《ほこだち》を持つ阿蘇林業を育てた。〝枝さし〟だからだ。その技術を支えた道具を集める。後ろに写真を置く。

――歴史と現状を見せるわけですね。

宮本　そうだ。阿蘇林業の起こりは清正公道です。外輪山の下に苗場を作り、沿道にずっとさし木していった。いまはみんな気がついていないが、当時はすごく大きい構想のもとに事業が進められていたことがわかる。歴史と構想の再発見ですよ。

――何十年先を見通した構想はいまないから、反省を迫る材料にもなりますね。

宮本　熊本独自の物を集めるのが一つ。次に熊本の一部に柄の短い鋭角になった肥後鍬《くわ》がある。これは火山灰地に共通な鍬で、関東まで火山灰地帯なら必ずある。それと全国各地にある竹細工ね。僕はかつて、蘇陽峡の下で放浪していた人たちが作った竹細工を見たが、実に立派な物だった。これも普遍性がある。この共通するもの、文化の伝播と役割、農魂の物証《あかし》の背景がわかってくると思います。

――相当に広い範囲になりますね。しかし、だれにも興味が持てるものになるでしょうね。

宮本　肥後六花のような園芸も忘れてはいけませんよ。肥後菖蒲《ショウブ》のような美しいものを作りだす不思議な感覚が、熊本の人にはありますね。例えば河内のミカン団地。結束して万遍なく力を周囲へ押し広げていく不思議な特性。断固として赤牛を守りぬく粘り強さ。そんなものを支えてきた道具を集めて、文化を見直すことはとても大事なことです。

――玉名郡菊水町に民家村構想があり、玉名郡天水町《てんすいまち》や下益城郡松橋町など各市町村に小規模ながら農具を集めて展示しています。

宮本　大規模なものは農業団体が中心になって造り、県が補助するのが一番いいでしょう。民家村も阿蘇、球磨、菊池などの特色ある農家、郷士の家、納屋など、十軒ぐらいはいるでしょう。民家村はいま大阪の豊中と川崎にありますが結構にぎわっています。私が住んでる府中市でも「郷士の森」構想があり、警察署、役場、小学校の玄関、町家、農家を集めて、ちょっとした町並みを造り、その真ん中に広場をおいて、そこで民俗芸能や盆踊りをしようという構想が進んでいます。熊本でも、ぜひ実現してほしいですね。

（『農魂―熊本の農具―』熊本日々新聞社、昭和五十二年七月）

周防の猿まわし ―口上

もう六〇年あまりもまえ、大正の初頃には毎年のように村へ猿ひきがまいりました。背中に紺の風呂敷に箱を包んだのを負い、その上に猿がちょこなんとすわって、猿ひきの小父さんは小さい太鼓をトントコトントコたたいてゆっくり村の中をあるいて来ます。すると子供たちはその音につられてぞろぞろとそのあとへついていきます。そしてお宮の鳥居のところまで来ると、荷をおろし、包をといて、箱の中から、猿の衣裳や持ち物を出してならべます。「まかり出でたは奥山三吉……」と口上がはじまります。子供ばかりでなく、男も女も家に居るものならばみんな出て来て輪になって猿の芸を見るのです。ほんとにたのしいものでした。そしてそれは美しい絵のように私の心に残っています。しかしいつの間にか猿ひきは村へ来なくなりました。

その後、昔の風習などしらべるようになって、人と猿との交渉に関する話や文章や絵などずいぶん見ることができて、人と猿がどんなに深いかかわりあいを持っていたかということに気づいてまいりました。猿ひきの絵なども、明徳二年（一三九一）に板行された「融通念仏縁起絵巻」の中に描かれていて、古くから猿に芸を仕込んで人に見せることがおこなわれていた様がよくわかります。もともと猿は人間にかかわりあいの多い動物で、時には神につながり呪力を持つものとして尊ばれ、時には田畑を荒らすものとして追われることもあったけれど、これを飼いならして、家畜というよりは家族同様に取扱って今日にいたったのは日本民族がもっともすぐれていたのではないでしょうか。もとより猿と人間のかかわりあいを描いた絵や彫刻は古くからアジア・アフリカ世界に分布を見ていますから、その歴史はきわめて古く広かったことがわかるのですが、その中でも日本人は猿と特別に深いかかわりあいを持ったようです。

そして今西錦司博士によって大分県高崎山の猿の餌付けに成功して以来、各地の猿も餌付けされて猿と人間との交流はこまやかになり、猿は田畑に出て農作物を荒らす動物ではなく、人間にもっとも親しまれる仲間になりつつあります。一方人間世界の拡大によって野生の猿の世界がだんだんせばめられていきつつありますが、これも人間と猿との交流の深まることによって何らかの対策の立つ日が来るのではないかと思います。

そうした中にあって猿との親類づきあいともいうべき猿と猿ひきの芸能はほろび去ろうとしていましたが、このたび猿に芸をつける技術をもっている五月三郎さんが御健在であり、また愛知県犬山のモンキーセンターの御協力もあって、猿の訓練をすることになりました。これは単に猿に芸を仕込むというだけの問題ではなく、日本人が人間以外の世界にどうかかわりあって来たか、また猿の生活の中にどれほど人間と通じあうものがあるかということを見ていく学問研究の上にも大変役に立つものであると考え、記録映画をとることにしました。ところがわれわれは全く非力なので大ぜいの方々の御協力を仰がねばなりません。そしてでき得ることなら、今後そうした猿の保存をはじめ大道でおこなわれた諸芸能の意義を見直し、さらには保存継承するような機関も作りたいと思っています。大それた願いかもわかりませんが、日本の民衆が遠い昔から今日まで、どのように歩きつづけて文化をつくりあげて来たか、またその中ではたした遊行芸人たちの役割について反省する機関と機会を持つことは決して無意味でないと考え、猿ひきの映画記録を作ることをきっかけに、大道芸保存継承の運動をおこすことにいたしました。あわせて今後とも御支援を御願い申しあげます。

（『周防の猿まわし』周防猿まわしの会事務局、昭和五十三年一月）

「周防猿まわしの会」発足によせて

昭和二十年以前に生れた人ならば、猿まわしを見た人たちは少なくなかったと思うが、いつの間にか姿を消してしまった。世の中があわただしくなり、また猿の芸を人びとに見てもらうような広場もなくなった。しかし、このままわれわれの記憶の中から消えてしまうには惜しい日本の文化の一つである。何とか復活し、これを伝えていき、学問の上にも役立てたいと思っていたところ、まだ猿まわしの技術を持っている方が健在であることがわかり、猿は愛知県犬山のモンキーセンターからもらいうけ、その人、五月三郎さんに訓練してもらうことになった。ところは山口県光市の島田川中流の丘の上にあるもと小学校が廃校になった建物の中である。全く静かな丘の上で、浮世はなれたという世界である。

さてその訓練をそのまま見すごしてしまうのは惜しいということになって、こまかな記録映画をとることにした。それにはずいぶん金もかかるので、大ぜいの方々から寄付をあおぐことにしたのだが、何分これは苦労の多いことで、本誌の読者よ、よろしくおねがいします。

それはそれとして、おなじような動作を何十日というほどくりかえして、猿は人間に近付いてくるのだが、大事なポイントになると思うところはみんな映画にとる。そのすべてが一般に公開されることはまずないのだが、だからといって、こまかにとらなくてはどのように訓練していき、猿がどのように芸を身につけていったかを明らかにすることができない。

猿をまわす人、カメラをまわすように指図する人、カメラをまわす人、猿の動作を記録する人、猿の動作のスナップ写真をとる人。それらの人びとが猿を中心にして動いている。毎日毎日それがつづいている。小林君は記録写真とデーター分析の係。ずいぶん退屈な仕事だと思うのだが、みんな退屈しないで、ガンばっている。

(「あるくみるきく」一三四号、日本観光文化研究所、昭和五十三年四月)

アイヌ民具のこころ

昭和五十三年五月十日、私は千歳から網走まで飛行機でとんだ。よくはれていたので、地図と見くらべて、空から二風谷をさがしたのであるが、空から見るかぎりでは周囲の村と何らかわるところがない。そして日高も十勝も北見も近代的な開墾の風景が眼下に展開しているのである。巨視的なアイヌ風景はすでにきえているのである。しかし微視的にはまだ生きている。

そのことからしても、この書物は出るべくして出る、出すべくして出す書物だといえる。アイヌ文化をみんなで考えてみたいし、今ならば考えることができる。またこの文化を標本としてでなく、生きたものとして伝えていくこともできるのではないかと思う。

かってアイヌは北海道の大地にみちみちて実にいきいきと生活をたてていた。たとえば北見の常呂《ところ》町に現存する未発掘の住居地だけでも一万をこえるという。それが鉄を生産しなかったということで和人に追いつめられていったといってよいのではないかと思う。

しかももともと両者は縄文文化を共有していた同系の民族であったと思われるが、それぞれ混血によって差異を生じていったのではないかと思っている。ここに収載された民具の数々を見ると、両者共通するものも多く、また交易によって和人の文化的遺品を多数保存していることをもたしかめることができる。これらの民具を仔細に検討することによっていろいろのことがわかって来るであろうと共に、そのような研究体制もこれからとられなければならないと思う。

幸いここに収められた民具図はきわめて精緻に描かれていることで比較研究にたえる。そしてそれは精確であるというばかりでなく、民具の中にこめられたこれを作った人びとの心を汲みとることができる。しかも、実に丹念に心をこめて作られていることに心をうたれるのである。この民具にこめられた心を何とかして今後に伝えたいものである。いまその責任をひしひしとして感ずる。

(「『アイヌの民具』刊行運動ニュース」同刊行運動委員会、昭和五十三年六月)

地名を考える

世の中がここ二〇年あまりの間に大きく変わって来た。終戦後の苦しい生活からよくここまで抜け出て来たものだとふりかえってみて感慨深いものがあるが、その変わっていったことの中にいろいろの要素があった。町村の単位が小さくては行政上いろいろの支障もあるということになって、昭和二十九年から三十一年へかけて町村合併がおこなわれ、たくさんの市が生まれ、町が生まれた。昔は市域といえば大てい人家があった。ところが、新しい市域には高い山も深い谷も含まれ、猪や猿や鹿のいる地域も含まれるようになって都市というものの観念を大きくかえたばかりでなく、新しい市町村名もずいぶん生まれた。もうこれ位でおしまいになるのかと思っていたら旧地名は郵便配達に差支えをおこすことが多いからということで、民衆の方の側も政府のお触れに忠実にしたがって地名をかえたところが多い。

その上、新しい居住地区に今までにないような地名が付けられるようになり、これでは昔のことがわからなくなってしまうではないかということで古い地名を守ろうという動きの出て来るのもまた当然のことかと思う。

それでは古い地名に固執するのがよいかといえば、そうばかりもいっておられない。時勢のかわるとき、もっともかわりやすいのが地名なのである。政治というものは、政令のもっともおこないやすいようにするためにまず地名とその区画をきめていく。古い時代からのことを考えてみても、律令国家のできたとき、国郡郷の制度を施行した。その後荘園が発達して国内の地名のほとんどが荘園名になったことがあった。その荘園制を武家政治がきりくずし、今度は夥しい名田の発生を見た。そのもつれが戦国時代を生み出したといっていい。そして太閤検地によって郡村制が確立された。

それが明治になって県郡市町村という形に統一されて今日の行政単位の基礎がきずかれたのであるが、戦後の訂正を大きくせまられて来たことも否定できない。その結果行政区画の再編成がおこなわれ、地名もまた改められていった。町村合併のときなどは、旧町村名を使用することは感情の上からむずかしかったものが多い。合併されるものの中の一つをとって他を捨てるということは住民感情の上から不可能に近いものがあったであろう。それも近隣の村々が合併を必要として話しあいをすすめたのではなく、政府の要請によったことからそうなっていったのであるから無理な合併も多かった。

ところが郵便配達の都合上地名を変更するというのは全く便宜的なもので、しかも住民の大半は変更についての相談にあずかることもなかった。もう少しみんなで話しあう機会はなかったかと思うが、日本では一般民衆の力が弱い。官僚主義（封建主義といってもよい）が多くの人たちの身についている。そして、政府の指令の七、八割までは実行されることになる。

時勢に応じての改変はやむを得ないものだし、またそれは当然ともいえる。ただその改変に民衆の意志がどれほど反映するかが問題である。あるいは住民の大半が新しい地名を喜んでいる場合もあるであろう。しかし古いものが残され得る余地のある場合には残しておいてよいのではないかと思う。今からそんなことを言ってもおそいのかもわからないが訂正されることだってあり得るのは明治の初に行政区画を大区だの小区だのにして番号をつけてよんだことがあったが、これは間もなく訂正された。今日の場合は番号ではなくて新しい固有名詞を作ったのであって、それがよいわるいは別としてすでになじみ深いものになっているところも多い。それをまたもとに戻すとしても、もとのままにはなりにくくなっている。

長くその土地に住んでいる者にとって地名の変ることには多くの苦痛をおぼえる。そこで、そういう人たちは日常は旧地名を使う。たとえば私の生れた山口県大島郡東和町大字西方一九六二番地は、周囲の人からそのようによばれることはほとんどない。みな長崎の宮の下といっている。長崎はもとは地名であったが今は土地台帳にその名はない。つまり通称なのである。地方をあるいていると通称の生きている例は実に多い。一定の土地に人が住みつづけている場合にはこれまで旧地名は通称として残っていった。そしてそれは今日もかわりないものと思う。

しかし住民の移動の甚しい都会地では旧地名は消えやすい。旧地名にともなう体験も思い出も持っていないからである。

地名を守るということはその土地にどれほど愛着を持ち永住性を持つかによって問題とされてよいものであって、新しい住宅団地などに住む者にとっては旧地名よりも新地名の方がかえってのぞましいかと考える。その土地はすっかり改造されてイメージもまたかわってしまっているのである。

ただ新しい地名をえらぶ場合に、その地名がその土地にふさわしいか否かが問題になるのではなかろうか。

私は地名のかわっていくことにむしろ歴史の流れを感ずるものであり、新しい地名のつけ方にこの時代の姿を見るように思う。

そして大切なことは、そこに住む人たちがどれほどその土地を愛し執着を持つかに一切がかかっているように思う。ということはさきにもいったように、新しい地名がつけられても、ほんとうに愛着をおぼえる地名ならば通称として残っていくものだからである。

と同時に民衆がもう少し腰をおちつけて物を考え、物を言うようになってほしいのである。

（「伝統と現代」五三、伝統と現代社、昭和五十三年七月）

地の声

東京府中に大国魂神社という古い神社がある。そのお宮に大きな太鼓があって、その太鼓を五月五日のお祭の時叩くと新宿まで聞えたそうである。新宿までは二〇キロあまりある。うそのような話だが、昭和十年代までは武蔵野はそれほど静かであった。この祭には方々から人が集まって来た。南方の町田の方からも来たが多摩の丘陵の上まで来ると、太鼓の音が手にとるように聞えて、おのずから足が早くなったという。丘陵の上から大国魂神社までは八キロほどある。つい近頃までは武蔵野は静かなところであった。武蔵野だけではなく、日本中が静かだったのである。静かな中で声をたてるとその声はどこまでもひびいた。もう二八年もまえ、対馬の北の方の村できいた話であるが、村をめぐる周囲の山々は一面に木に掩われていた。人びとはその樹海の中で仕事することが多かった。働いている姿は遠くからは見えない。しかし山中で仕事していてどんな事故がおこるかわからないから、自分が山中にいることを誰かに知らせておく必要がある。それには歌をうたうのが一番よかったという。歌声をきけばそれが誰であるかわかる。そういう歌声が方々からきこえたものだそうで、セミやコオロギが自分の所在を知らせるためにはねをこすりあわせて音をたてるのとちょうどおなじであった。そして方々で歌声がおこることでみな安心して働いたのである。孤独でないものをおぼえたからである。ところが女がよい声でうたっていると、男がその歌にあわせてうたうことがあり、時には掛けあいで歌をうたったものだということを広島県の山中で聞いたことがある。遠くはなれていても、歌をうたえば声はとどく。うたっている歌詞は昔からのものだが思いをこめてうたえば情を通ずることもできた。そのようにして恋仲になり、結婚した人も少なくなかったそうである。

それをまた第三者がきいていると、誰と誰が仲がいいか自然にわかったそうである。このような男女が歌によって掛合いをしながら親しくなっていく例は他にもいろいろあった。伊豆の八丈島などでも男と女が親しくなるのは山で歌う仕事歌の掛合がもとになる場合が多いとのことで、働いていても恋はできたものだと八十をすぎた老女が話してくれたことがあった。

男に好かれあるいは女に好かれるためには声がよくなければならなかった。そして世の中が静かだからそういうこともできたのであろう。

静けさの中では人間同志の心を読みとることができたばかりでなく、自然の声もきくことができた。明治二十九年六月十五日に三陸地方に大きな津波がおそったことがある。そのとき、沖の方にノーンノーンという音がきこえたという。昔からの言い伝えの残っているところでは、それは津波の音に違いないとて高い所へ避難した。そうした村ではみな生命を助かった。しかし、この音をきいてもそれが津波の音と気付かないところでは大きな被害を出した。おなじ地域に昭和八年三月三日にも大地震があって大津波がおそった。そのときもやはり沖の方にノーンノーンという音をきいた。その音に耳をかたむけて助かった人は少なくなかった。自然の音はそれを判断する能力を人間が持っていなければならない。

漁村をあるいて老漁夫から話をきいていると、「昔は船魂《ふなだま》様がよくいさんだものだ」と話してくれることが多い。船魂とは船の神のことである。それがリンリンとかチンチンとかいう音をたてるという。嵐の来る前などに船魂のいさむことが多かった。しかしそういうことは迷信だといって多くの人が否定するようになり、次第に口にしなくなったのだが、一つは世の中が騒々しくなって音がきこえにくくなったのかもわからない。もともとこの音はきこえないものがきこえたという幻聴ではなく、嵐の前になると海に音のたつことは多かったようである。そうしたとき海にもぐってみると、海中は実に騒々しくて、とても長くはもぐっていられないという。

つまり世の中が静かであったとき、われわれは意味を持つ音を無数に聞くことができたのである。意味を持たない音を騒音といっているが、今日では騒音が意味のある音を消すようになってしまった。仮に意味があっても自動車や飛行機のたてる音は人間の神経を逆なでする。そういう音になれるということは実はわれわれの感覚の中からいろいろのものを聞きわける能力を失わせているのではないかと思う。そしてこれでよいのだろうかと思うことが多い。おそらくもう昔の静かな世界を取り戻すことはできないであろうが、今残っている静かな世界を大切にする対策はたてられないだろうか。人間にとっては静かに考える場と、静かに聞く場が必要である。人間をたえず自然の中へ引き戻すことで、人間はいつまでも新しい生命を持ちつづけるのではなかろうか。

（「かんきょう」三巻五号、ぎょうせい、昭和五十三年九月）

民族文化映像研究所の指向

民族文化研究所が社団法人として出発しようとしている。ここに至る道程はきわめて長いものであった。所長姫田忠義君がドキュメンタリー映画のシナリオライターとしてスタートして以来、私はその歩みを側面から見つづけてきた。同時に私なりの注文をつけつづけて来た。ドキュメンタリー映画というものは実にむずかしい。その立場によっていろいろの見方が成り立って来るからであり、またこれを見てくれる者を頭に描くことによって、対象のとらえかたもかわって来る。

さて姫田君は対象の外側に立ってみるのではなく、対象そのものの中に入って、その持つ意思を表現しようとすることに専念して来た。それは一見容易なように見えるけれども、内実においてはもっともむずかしい。一つの事実を概念的に理解するだけでなく、まず具体的に理解しなければならない。そのためには対象とする人びとの中へ入っていって生活を共にし、人びとの生活行動を納得のいくまで知らなければならない。なぜなら文化的事象とか文化的資料といわれるものは、すべて人間がそれを作り出したものだからである。

しかも対象とする世界にかかわりを持つ人びとの生活に入り込むばかりでなく、それがどのような文化的な価値を持ち、また社会的にはどんなかかわりあいと、意味を持っているかを理解していなければならない。そのためにはまず日本全体の民衆の生活を知らなければならない。そこでできるだけ全国各地をあるくようにし、また海外へも出かけていって日本文化を海の外側からも見て来たし、日本と日本以外の国の文化と比較する機会もたびたび持った。

そのような作業をたえずくりかえしながら、一方では記録し保存しなければならない対象と取り組まねばならなかったのであるが、そうしてまとめていったものに日向山中の狩と祭、四国山中の焼畑、日本全体にわたる食器の変遷、広島県山中農村の神祭を中心にした農民の生活、福島県会津山中で木地小屋を造る作業工程、アイヌの家作り、結婚式、イヨマンテ(熊の祭)、丸木船作りなどがある。また最近文化庁の文化保存のための映像記録作りの仕事などにも参加して短編映画を製作しているが、それらの作業をきわめて地味なもので、多くの人が大きな関心を持つようなものではない。しかし今のうちに記録しておかないと、ほろびてしまうようなものが少なくない。労多くして酬いられるところは少ないのだが、だからといって見すごすわけにはいかない。そのため初期のフィルムは私費を投じつつ作ったものがほとんどであった。

その貧しいやりくりを何とかもう少し楽にできる方法はないものかと考え、また記録したものがもう少し多くの人びとに利用される道はないものかと考えてこの研究所の構想が生まれて来たのである。無理をして作ろうというものではない。大当たりをねらってのことでもない。一つの視点をもって、その視点から物を見てゆき、その成果が共通の文化財として広くこれを必要とする社会に定着供給されるためには、ささやかであってもその組織が必要になって来たのである。

一方映像記録の作業が進んでいく中で、いろいろのことを教えられるようになって来た。たとえば奥日向の狩の祭も、アイヌの熊祭も根底においては通ずるものがある。この二つのはなれた土地に別々に発生した行事とは思えないのである。それをつないでいる糸は何であろうか。また両地の中間にこれを結ぶような行事は残っていないのであろうか。

あるいはまた、広島県豊松の一年を通じての行事を見ていくと、そこにおのずから中世の村の姿がうかびあがって来るように思えてくる。それはまた奥日向の祭とも通ずるものがある。

そのはじめはそれぞれの地域に断片的に残る行事のように思えていたのであるが、一定の視点を持つことによって行事の背景に共通する文化―いわゆる民族文化のあることに思い至るのである。しかもそれは日本にのみ存在するものではなく、日本をめぐる周囲民族にも共通するものが見出される。小さな事実発見の積み重ねの中に人がなぜ今日のような多種多様の社会を作り、さまざまな生き方をして来たのかということへの答が見出されて来るように思うのである。

いま姫田君の仲間はそういう問題に取り組みつつある。仲間といってもそれほど多くはないが、長い間苦労を共にして来た。そして共に物を見る眼はたしかである。単に奇異を求めたり、エキゾチシズムを強調しようとするのではなく、もっと深いところで生きていくためにはなぜそのような生活を必要としたかをさぐろうとし、これからもその眼で物を見ようとしているのである。そしてそれはわれわれ自身の生活を見る眼にもつながっているのである。

（『民族文化映像研究所の歩み』姫田忠義編、民族文化映像研究所、昭和五十五年）

和泉の子守歌

うちのおとったん山へいておそい
山でやけたか煙たつ
あれは父鬼の炭焼や

和泉（大阪府）の山の手の村々で昭和十年頃までうたわれていた子守唄である。父鬼《ちちおに》というのは和泉葛城山脈北麓の谷間の村で、その背後の山では冬になると炭焼きが盛んにおこなわれていた。だから、北風の吹く頃になると山の中腹の林の中からいくすじも白い煙がたっていた。

一方、和泉の台地の村々では地主層のものは屋敷の中に小さい機織工場を持ち、朝から晩まで機を織っていた。そこへ勤める人たちは一般の農家の主婦たちであった。田畑の仕事のいそがしいときは工場も機械をとめて皆田畑に働いたが、普通の日はガチャガチャと機械が動きつづけていた。そこで乳飲子は子守の背中にくくりつけられて成長したのである。

子守は昔は葛城山脈を南へ越えた和歌山県紀ノ川筋の村々からたくさん来ていたが、義務教育がきびしくなってからは来なくなり、村の中の年長の男や女の子たちが子守をするようになった。男の子なら子供を背中にくくりつけたままバイまわしや凧あげもしていたが、女の子たちは群になって道をあるきながら子守唄をうたって工場のひけるのを待っていた。

うちのこの子はよくねるこの子
ばらやぼたんの花持たせ
うちのこの子はよくなくこの子
ばらやぼたんの花持たせ
ばらやぼたんはお手つきなさる
守がにくいとて破れ傘きせて
守はぬれいで子がぬれる

このような子守唄が次々にうたわれ、われわれが通りかかると、替え唄を作ってわれわれをからかったものである。戦時中、戦地の若者から手紙をもらったが、子供のときいた子守唄が耳底にこびりついていると書いてあった。その若者は戦死した。

（「毎日新聞」日曜版、昭和五十五年十月五日）

旅の周辺

旅のひとこと　―豊かになった農村地帯

第一印象は、あの戦災からよく復興したものだということですね。松山からバスできたのですが、戦前荒れた雑木林ばかりだった高知の山々にスギ、ヒノキが茂っています。町が変わっていくように、農村も豊かになってきていますね。

私は仕事の関係もあり、いろいろの土地を歩いていますが、昭和十六年ごろの高知の山村は、ツギの当たっていない服装をしている人は、珍しいほどでした。だから、そのような貧しい生活から、どうして立ち上がっていくかというのが、県民の最大の課題だったんですね。

しかし、山に茂る木々が変わったように、その糸口を見出したといえそうですね。当時、高知の町を〝ふんどし町〟だという人が多くいた。長くてきたなかったんです。今なれば、女性のオビにたとえる人が出てくるのじゃないですか。ただ美しくはなりましたが、高知の人には、大阪人にみられるような、商業的意欲に欠けていますね。みんな武士なんですね。長所も欠点も、そこにありそうです。もっと町民気質になっていいですよね。

（「朝日新聞」　昭和三十六年八月三十一日）

旅をすすめる

私は若い人たちに旅をすすめる。注意深く観察し体験すれば、旅では実に多くのものが得られるからである。それは書物などではとうてい得られないものである。しかもその旅は若いときにもっとも多くしておくべきだと思う。金がなければ稼ぎながらでもいいと思う。

ずっと以前には日本人は国内ばかりでなく国外をもよく歩いたものであった。それは出稼ぎのためであったにしても門戸は広く世界に向かって開けており、九州の人など東京へ行くよりも気楽な気持で、シナの上海へいっていた。長崎と上海の間には長崎丸と上海丸という船が通っていて、毎日便があった。また朝鮮・満州なども、西日本の人には北海道よりもはるかに親しみのあるところであった。そうした時代のことを思うと、今の日本人にとって海外は遠いところになった。飛行機がとんでいてアメリカへいくのもヨーロッパへいくのも早くなりはしたけれど、金を持たなければ行けない。

私は戦前ドイツへ行こうと思って金をためはじめていたことがある。シベリア鉄道を利用すると三〇〇円で行けるとのことである。向うへ行きさえすればなんとかなるだろうと真剣に考えたものであった。しかし、今そういう夢は持てなくなった。若い人たちでもそういう夢を持っている人は少ない。

だが夢を持っておればいつか実現するであろう。戦争がすんで間もない頃、私は京都大学の人文科学研究所へあそびにいったことがある。そこへすっかり登山の装備をした今西錦司博士がやって来た。どこへ行くのかと聞くと比叡山へのぼって来たのだと言う。どうしてまた比叡山などへそんな姿で行くのですかと聞きかえすと、ヒマラヤへのぼる準備だという。周囲にいた学者たちが「今西君は夢想家だからあんなことを言っている。今は腹いっぱい飯すら食えないのに。」と言うと、今西さんは真剣な顔をして、「今にきっとヒマラヤへ登れる日が来る。いくさに負けて貧乏していても、何年かたてばきっともっと国力を回復するし、外国へ行く道も開けると思う。登山は今から練習しておかぬと、その時になっては間にあわぬ。」と言った。私はすっかり感心した。その頃外国のことなど考えている日本人がどれほどあっただろう。

さて今西さんはその後、ヒマラヤのマナスル登山隊本隊のルート偵察を目的とした踏査隊の隊長として、日本人では最初にヒマラヤへいった。そして長い目的を果たしたのであった。そしてその後、インド、パキスタン、アフガニスタンなどの調査に従い、さらにアフリカの調査に従っている。そして人類発達の過程をつきとめるための活動を続けている。

私は今西さんの思想と行動を壮烈だと思う。人間はそれぞれいろいろの可能性をもっている。しかし、一人一人はその可能性を十分に発揮しようとしなくなりつつある。若い人の希望を聞いてみるとよい妻を求めて、安定した家庭をつくって、月給も十分あって……といったようなことを夢にしている人が多い。学問や教養が自分と妻と子供のそうしたささやかな世界を確保するためのもののみであるとしたらいかにもさびしい。人生とはそのように無為安泰のものであろうか。私は学問というものは、自分自身の可能性を高めていくばかりでなく、さらにそれが自分以外の人に対しても何らかの意味で役立つものであり、また役立たせようと努力することの中に自己の持つ可能性がいよいよ高まっていくものと思う。

そのような自己の可能性を高めていくためにも旅をして物を見聞することは大きな意味をもつ。それが夢を大きく持たせることになり、さらに自己の持つ可能性の限界をためしてみようとする行動力を与えてくれる。そして夢を現実にすることによって、夢はさらに拡大していくものである。夢は大きく広くはるかなのがよい。それを実現しようと努力することの中に人間の生きる喜びがあるのではないか。そして困難にぶっつかり、それを解決してゆくたびに自己の持つ可能性をたしかめていく。

私は旅がすきだが、まだ国外に出たことがない。しかし、今でも海外を歩きたいと思っている。その旅はどこまでも貧乏旅行でありたいと願っている。貧乏旅行ならば民衆に接し、民衆の心にふれることができると思う。全世界の民衆の心と心がほんとにふれあうような日が来たら、きっと戦争はしなくてすむ日が来るようになると思っている。

若い人たちは自分を小さくかためないようにすることである。仮に夢は大きくても、実践力がなくては夢は夢におわる。夢を実現するためには実践力を持たねばならぬ。旅はきめ細やかに実践の方法を教えるものである。

（「六甲」一一六号、六甲学院、昭和四十一年一月）

旅に学ぶ

1

私の旅は古風であった。昭和三十五年まではリュックサック一つを背負ってあるきまわった。いわゆる観光地を見てあるくことはほとんどなかった。豪華な旅館にとまることも特別に招待をうけたような場合のほかはなかった。見てあるくのはごく平凡な農村か、山村や離島が多かった。しかしそういうところの一寸とした風物の方が実は心にしみてのこることの多いのは何故であろうか。

何のためにそのような旅をしたのか。私にとって旅は発見であった。私自身の発見であり、日本の発見であった。書物の中で得られないものを得た。書物はそこに書かれていること以外の事実や世界を知ることはできない。だがあるいてみると、その印象は実にひろく深いものであり、体験はまた多くのことを反省させてくれる。しかもおなじ場所に一回ゆくよりも二回三回ゆく方がより多くのものを教えられる。見落しは実に多いもので、人の生活の場にはそこに百年の歴史があれば百年間の、百人の人が住めば百人の、それぞれの生活の歴史がひそんでいるはずである。しかもそこに生きた人びとにとって意味のない行為というものは一つもなかったはずである。そういうものをかぎわけて追求してゆくことによって、人は如何に生きて来たかを発見することがわかるばかりでなく、いま自分の立っている位置もおのずからわかって来る。

そうしたことを考えさせてくれるものとして、旅は私にとって大切な心の糧であったともいえる。しかし私のような旅は戦後しばらくの間はほとんど姿を消していた。そして温泉地や観光地ばかりにぎわう旅が多くなっていた。もう私のように歩くことを面白がるような人はなくなるのかと思っていたら、ちかごろ学生の旅がまた目立ってふえて来たし、山中の古い宿の宿帳や駅前旅館の宿帳を見ていると、明らかにそれが単なる観光や登山でない旅をしていると見られる者がずっとふえて来ている。

それらの中には村人たちに迷惑をかけたり、心なきふるまいをする者もないではないが、村人の中へはいっていって社会福祉的な仕事をしたり調査をしたりしている仲間が、それこそ戦前には見られぬほどふえている。

私は日本という国はそのようにしてもう一度見直すべき国だと思う。国というよりもそこに住んでいる私たちとその生活を見直すべきだと思う。目あたらしいということは目さきがかわっているというだけでなく、今まで気付かなかったものの中の意義ある事実に気付くことにもある。つまらないと思って見すごしたものをもう一度たんねんに見直すと意外なほど深い意味をもっていたり、時には美しさをもっており、ときには生きることの法則のようなものすら見つけることがある。

そういう意味で、旅は文化発見の、あるいは自己発見の重要な手段であるといってもいい。若いときにはそういう旅をできるだけ多くしておくべきであり、それはまた国内だけでなく国外に向ってもすべきものであると思う。そしてそれによってわれわれは一般の民衆を人間として信じあう機会をもつことができる。旅をする機会の持てる者はただ遊ぶだけの、たのしむだけの旅もよいであろうが、それにもまして、学び、発見する喜びのもてる旅もあっていいと思う。そこからいろいろの自己に対する課題が発達して来る。

2

ずいぶん旅をしながら高い山のいただきにのぼったことがない。一ばん高いところで、飛騨山脈の安房峠の上までいったこと、ここは二、四〇〇メートルにすぎぬ。山地をあるいても谷底ばかりであった。たまたま峠などこえて雄大な景色に接すると大いに喜ぶのだが、わざわざ風景を見るための旅をしたことがない。だから有名なところは案外知らず、平凡なところばかりあるいている。

そうした旅の中でたった一つだけかわっているのは、できるだけ道を迷ってみようとするこころみであった。長い旅になるとたいてい一回や二回は道のないようなところに踏みこんで散々な目にあう。そしてそのときはひょっとするとどこかでいのちをおとすのではないかと思ったりして、悲痛な気持になることもあるが、それがまた深い思い出になることがある。

昭和十五年十一月の末、私は秋田県象潟《きさかた》に下車して蟹満寺へまいり、そこから歩きはじめた。このあたりの漁村の様子を知りたいと思って金浦というところへゆき、漁業組合へよっていろいろ話をきいているうちに夕方になった。そこから南へあるいてゆくと、石油の出るところがある。その石油をほるところも見たいと思って、油井櫓を目ざしてあるいていったが、どこも皆人はいない。もう暗くなりはじめていたが、とめてもらう家をさがす気にもならなかった。鳥海山北麓に冬師《とうじ》という部落がある。そこに昔から神楽があったというから、その話でもきこうと思ってあるき出した。そしてすぐ道に迷って、私の背丈よりもずっと高くのびた茅原の中へはいってしまった。押しわけ押しわけのぼっていくのだが、何ほどもはかどらぬ。その上足をすべらせてはころぶ。そのうちに暮れはててしまい、雨さえふり出した。夜道でのぼってゆくときはよいが、下りは危険が多くて、迷っているときは絶対に下ってはいけない。

とにかく茅原をぬけて高いところまで出ることだと思って一時間もあるいていると、草のないところへ来た。闇夜で雨がふっていると一寸さきも見えないが、こうもり傘をもっているので、それを杖がわりにさぐりつつ一歩ずつあるいてゆく。どうやら道らしいのである。じっとしておれば寒くてすぐ風邪をひいてしまうだろう。とにかく動いているのがよい。道は下りになったらしい。また一時間もあるいたころ向うに火が見える。冬師の火かと思ったが一時間あるいても一丁とは進んでいないはずだから冬師の火ではないはずだ。その火は動いている。こちらへやって来るようだ。それで急に元気が出た。じっと立ってまっていると提灯が近付いて来た。見れば二人づれで、さきは男、後は女。さきの男はこちらが声をかけると唖であった。後は十七、八歳の美しい娘。その娘の兄さんの帰りがおそいので下男とさがしに来たのだという。その娘にきくともう少し下ったところで道がひろくなる。そこへ出たら道も平らで歩きやすくなる。暗闇でも大丈夫だろう。そして間もなく冬師の村の外灯が見えてくる。それを目あてに行き、外灯のともっているところから田圃をへだてた向うの家が区長の家だと教えてくれた。私は言われた通りにあるいたのだが十時すぎに冬師へついた。日が暮れて六時間、これほどゆっくりあるいたことは生れて初めてのしまいであろう。だがどんなに真闇な中でもそれぐらいゆっくりあるくと安全だということを知った。あとで地図を見ると一里あまりの距離であった。旅というのはあらゆることで自分をためしてみることができる。

3

旅をしているとかならず新しい問題にぶつかる。そしてそれまでの長い旅の途中での見落して来たことについてくやまれる。たとえば下北をあるいて、畑というマタギ部落をおとずれたとき、ここの人たちがクマやシカをとるだけで絶対生活のたてられるものではないのだから、そのことについてもっと突込んできかなければならないと思っていたが、なかなか手がかりが得られず、やっと偶然のことから雨やどりさせてもらった家で、下北半島沿岸に分布する磯船の刳船型の底をここで造っていたことを教えられた。この船底は私が下北をあるきまわった範囲では、畑以外では造ったことをきいていないが、あるいはつくっていた所があるかも知れぬ。しかもこの船底は大正時代にはずっと深くて船底だけでも人が十分乗ることができたという。

さらにさかのぼって考えると、下北の磯船は明治初期以前は丸木船ではなかったかと思うが、その丸木船も畑の人びとがつくったものであろうか。畑でそのことについて古老からきいて見たけれどもついにわからずじまいであった。しかし磯船の船底は下北海岸の村々ではほとんど畑へ注文したものであるというから、もとは刳船もつくっていたと考えていいのではないかと思う。そうすると下北の刳船は畑の山中でその大半がつくられていたということにもなって来る。磯船の底はブナの木を多く用いる。ブナは畑の奥に多い。板付船はスギでつくる。そのスギは下北の各地にあってたくさん伐り出している。スギで刳船をつくった話はきかなかった。

こうして畑というところは古くはマタギの村というよりも刳船をつくる村として下北の村々には印象づけられていたし、またマタギよりも刳船つくりの方がはるかにもうけがよかったのである。刳船底に乗って川口にある川内へ下っていった親父がいつまでたっても帰って来ないので女房が業をにやして息子にさがしにやったら、親父は船底を売った金で料理屋で散財しており、息子がいくと、おまえも飲めと、持っている金のなくなるまで飲んだという。川内には下北の浦々から船底を買いに人びとが集まっていたものである。

さてこの話から考えさせられるのは、かって日本各地の海岸にひろく分布していた刳船（丸木船）がどこでつくられただろうかということである。海岸にこれをつくる大工のいた話はよくきくところだし、昭和二十七年ごろには能登半島の瀬嵐《せらし》にはそういう船大工が元気で仕事をしていた。だがそれ以外に山中でも刳船をつくることは多く、それを川を流して海岸の材でつかうことはなかったであろうか。新潟県三面《みおもて》はやはりマタギの村であるが、ここの人も丸木船をつくる技術を持っていたし、高知県大杉の鵜飼をやっていた人たちも昭和十六年頃には丸木船をつかっていた。

ここで思い出すのは奈良・平安時代における遣唐使船の建造である。その勅命がしばしば山中の国に下されている。そういうときにはその国で材木を伐って川を流して、川口の海で船をつくったものであろうか。あるいは山中で船底位はつくってこれを川をひいて下って海岸で装備することもあったと考えるのである。日本の船の底が長い間ほとんど平らで、水切がなく、帆をまいても舵が十分きかなかったということは、あるいは船を山中でつくった歴史のあったことを物語るものではないかと思って見る。

（「日本の旅」《『私の日本地図』1・2・3—付録》、同友館、昭和四十二年二・六・十一月）

旅にまなぶ ―ほしい心のふれあい

古いことばであるが、「可愛いわが子に旅させ親御、憂いも辛いも旅で知る」というのがある。旅とはそういうものであった。「かわいい子には旅をさせ」とも言っている。その人たちのいう旅は、せまい世界、せまい家の中にとじこもっていたのでは人生勉強にはならない。人生勉強するためには旅をして来ることだ。旅によって、自分のいままでおかれた世界や信念をつきくずしてもっと広く深いものが得られると考えたのである。

そしてそれが真理であることはいまもかわりがないのであるが、今日では日常生活の延長でありつつやや違った開放された気分を味わえるものという程度に考えて、旅をたのしむものが多くなった。そして旅というよりは旅行という言葉が一般につかわれるようになった。したがって古い観念の旅を志すものも、国全体の人口の割合から言うと、ずっと少なくなっているのではないかと思う。

☆　☆

旅で学ぶということは、旅さきで、そこに生きている人びとの生き方にふれて見ることであった。各地をあるいて見ていつも思うことであるが、どうしてこんなところにまで人は住んだのであろうかというような場所に村がある。

三戸五戸と、それも一定の間隔をおいて住居を定めている。そしてそこに住みついた歴史も決して新しくはない。生存競争にやぶれて住んだというのもあれば、焼畑耕作をして定住したというのもある。中には分家するために奥地に住んだというものもある。そこが少し傾斜がゆるやかであるから、水があるからというような条件で土地をひらき家をたてたのである。自分の一家の生命をつなぐだけならば大した資本もいらないので、そういうところにまで家をたて、生活の資の足らぬところは旅でかせいで来た。そして日本のすみずみにまで人が住みついたわけだが、人がそうしてかつがつ住み得るところのすべてに住みついたのも、そのころは都会に居ようが山中に居ようが、旅するためにはすべて徒歩によらなければならなかったのだから、それほど不便だとは思わなかった。しかし今、平野地方で交通機関の発達がめざましいためにおきざりにされることになったのである。

☆　☆

徒歩時代には山中の交通は意外なほど発達していたものである。そしてそういう道を通る人を相手にするためにも、山中に人は住んだ。最近新聞でも女工哀史に関連してよくとりあげられる岐阜県と長野県の境の野麦峠なども、実に多くの人がこの峠をこえ、その人たちを相手にした宿もたくさんできて、長野県側の奈川谷をあるいて見ると、そうした宿のなごりをいくつも見ることができる。そして一たん住みついて見ると、世の中の条件がかわり、交通事情がかわっても、なかなか他へは移れなかったものである。

そうした山間の人びとは自分が旅人として出ていったばかりでなく、また旅から来るものを待ちのぞんでいた。多くの旅人は新しい知識を持って来てくれたし、炉ばたをにぎやかにしてくれた。通りあわせた人を快くとめたのもそのためであろう。時にはつめたくあしらうことがあるにしても、それはほんの一部ではなかったかと思う。

☆　☆

幕末のころ三河の国を出て信濃、越後とあるき、東北各地をめぐり、北海道にもわたってアイヌの村々をもおとずれあるいた菅江真澄という学者がいたが、その丹念な日記をよんでみると、この旅人に宿泊を拒否した民家というものはほとんどない。しかも四〇年あまりをあるきつづけて最後は秋田県神代村梅沢〔現仙北市〕で死に、墓は知友によって秋田市の寺内町にたてられている。金も何も持たぬ旅人がどうしてこのような旅ができたのであろうかと不思議なように思われるが、真澄研究家の内田武志氏によると、植物学についてのくわしい知識を持ち、植物の利用法などを人びとにしめし、あるいは薬の製法などを教え、また和歌の指導をしつつ旅をつづけたのではないかという。真澄は旅で多くのものを学んだだけでなく、旅先の人たちの必要とする知識を与えたのではなかっただろうか。

真澄よりややおくれて出た九州日田の人、大蔵永常なども、方々をあるきまわって、最後は三河で死んでいるが、この人には農学についてのふかい知識があり、それも旅に学びまた地方民を啓発したことが大きかった。

こうした旅人の多くは、単なる旅人ではなく、旅さきの人たちの味方でもあった。だからいつでも相談相手になったのである。また相談したい人たちがいたるところにいるのである。それはいまもかわりない。旅人と旅さきの人たちの結びつきはそうしておこったものであって、それがまた意外なほどつよい。村の墓地などしらべて見ると、遠くから来て死んだ者の墓が少なくない。死者の子孫が来てたてたのではなく、多くはその村の人がたてたものである。そういう旅人はその村に何らかのツメあとをのこしたのであった。また人の情がうれしくて生涯を旅にすごした人の少なくなかったことをも、この事実がものがたってくれる。

☆　☆

いま旅行する人は多くなったけれど、このような心のふれあいは少なくなってゆきつつあるのではなかろうか。地方をあるいて見ると、いたるところで観光開発と観光客誘致の構想をきく。観光によって地元の人は何を得ようとしているのであろうか。多くの製糸女工たちをとめるために家を大きくした野麦峠東麓の奈川村の住民の一人が、「道がひろくなって観光バスが多く通るようになれば、土埃をかぶることと、石をはねとばされて窓ガラスを割られる位のことです」と言ってなげいていたが、一般住民にとって、今日の観光旅行者はその程度の意味しか持たなくなっているのではないか。旅行は盛んになりつつ、人と人との結びつきの機会はかえってうすれつつあるように思う。

と同時に旅人が村人の心をあたためてくれるものでなくなったことも原因の一つとなって、山中での生活を味気ないものに思わせ、にぎやかなところへ移住する傾向をもつよめて来つつあるのではなかろうか。

（「朝日新聞」昭和四十四年一月十六日夕刊）

ゆっくりあるける道

近ごろはリュックサックを背負って長い徒歩の旅をすることはほとんどなくなった。しかし、できるだけあるくことにしている。地方へ講演などに出ていくと、ほんのわずかの距離でも自動車に乗れとすすめられるのが一番苦痛である。あるいて見ると何かを得られるものである。その何かをもとめてあるいて来たのである。しかし、その何かが失われてゆく。道をあるくことはたのしいことであったが、今日のように自動車が多くなると、あるいていることもらくではなくなった。第一、道で子供のあそんでいる姿を見かけなくなったのはさびしい。道はもとは子供たちの遊び場であった。いまはその子供たちが両端をえんりょぶかくあるいている。

ある日、子供がボールを高くなげあげながらあるいていた。そのボールをとりそこねてボールは道の向こうがわの方へころんだ。とりに行こうにもひっきりなしに車が通って、子供はしばらく立って車のとぎれるのをまっていた。ところが、一台の自動車がそのボールをはじきとばして走り去った。どこへとんだのか瞬間のことでよくわからなかった。子供はボールが見えなくなったのであたりを見まわしていたが、ガッカリしてあるき出した。私はボールだけでなく、子供の心の中から大切な何かが失われたのを感じた。そして車の通らない、ゆっくりあるける道もあってよいのではないかと思った。

（「月刊健康」六一号、コクミン健康クラブ、昭和四十四年四月）

民俗調査の旅

夏は私の書き入れどきである。病気でないかぎりほとんど調査旅行ですぎてしまう。今年も七月二十日から広島県三原市、東京都三宅島、京都、奈良、山口県阿武川流域、山口県大島、東京都青梅市などの調査にしたがうことになっている。長いのは一〇日間、みじかいものは五日程度。夏休みがすぎるとホッとする。暑いなどとは言っておられない。昭和十四年から今日までそのような日をくりかえした。たまたま調査が涼しい山中であるときはうれしいものだが、逆に南の方であることもある。しかしそこにも人はおり、炎天のもとで働いている。その人たちの生活にとけこまなければ、よい成果はあげられないから、日中もあるきまわる。登山に、ドライブに、また海水浴をたのしんでいる人たちを横目で見てすぎる。私が話をききたい人は、そういうことには縁の少ない人たちだ。田舎はそういう人たちの世界である。

そして、そういう人たちの中に生きて見ると、暑さもそれほど苦にならない。宿もケチなものが多く、これまで一泊二食付で一、〇〇〇円をこえるものはなかった。それでも旅はたのしく、また調査は心を張りきらせてくれる。旅さきで病気になったことはほとんどない。おなかをこわすことは多いが、それでも何とかきりぬける。

そんな日々の中で、時に半日くらいのゆとりのあることがある。あるいは調査地を移動することがある。峠をこえることが多い。戦前までは峠路は木の茂っているものが多かったが、近頃はカッカと日の照っている道がほとんどである。しかし、私はできるだけ自動車の通らない道をえらぶ。思索をみだされないためである。あるいていると想念はかぎりなくわくものである。流れがあって、谷奥に水田がないと見られるところでは、谷におりて水をのみ汗をふき、もとはよくせんたくをしたものである。せんたくしたものを、日のあたるところへ干しておいて、しばらく昼寝をする。つかれているからすぐ眠ってしまう。セミのないていることもある。カジカのないていることもある。しかしカエルは昼ほとんどなかない。私にとって谷川のほとりの昼寝ほどたのしいものはない。

しかし、仲間と調査旅行に出たときは、このたのしみはなくなる。水くらいはのむことがあっても、そこを通りすぎてしまう。

ちかごろ、ダムに沈む村の調査が多い。昨年いった山口県阿武川流域の川上村もそういうところである。いままで長い間、谷底にひっそりとして住みついていた。古い墓などから見ても、もう六〇〇年あまりまえには、人は住んでいたようである。そしてその生活をすこしでもゆたかにするために、田をひらき畑をひらき、紙をすき、薪を伐って生活して来たのである。田の畔も石垣を丹念につみあげて来た。そうした村を捨てなければならない。また、こんな不便なところへ住むよりは、便利なところへ住む方がよいと、みな思うようになって来た。しかし離村することがきまっても、人びとは田や畑に草をはやすようなことはしない。最後の最後まで、働きつづけるであろう。

この村の川の上流には長門峡《ちょうもんきょう》もあるのだが、村人にとって、そういうところはほとんど無縁にひとしかった。だから、私も村に滞在中、とうとうそこへいって見なかった。それでよいのだと思っている。

そんな旅のあと、瀬戸内海の島をあるいた。家のビッシリたてこんだ漁村の調査である。海には風があっても家に風の吹きこむこともないようなところである。

人はどんなところにも生きている。ただ働きつづけているように見えるけれども、自分の生活をたのしくゆたかにする工夫だけはみなしているのである。話をきいていると、話題の一つ一つに張りがある。

島の上にわく雲の峯がくずれ、秋風が海を青く吹きわたるようになると、私は東京へかえって来る。そして夏の調査の整理がはじまる。

（「アルク」四九号、日本万歩クラブ、昭和四十四年七月）

お伊勢様へは何故まいる　——インタビュー「初詣」を読んで

昭和四十六年正月の初詣の総数は推計五二〇〇万人にのぼったという。流行といえばそれまでのことだが、日本総人口の半分ほどがどこかへまいっているのだから大へんなことである。日本人は元来にぎやかなことが好きで、人の多く集まるところへ集まりたがる。伊勢へ参るのもそんな気持からの者が多いようである。その上日本人はお宮へ参ると神に何かをたのまねばならぬと思う気持がある。たいていは商売繁昌、家内安全を祈っている。とくに初詣には個人的な特殊なことを祈りに来る人はないようである。これは昔からなかったものと思われる。つまり伊勢はいろいろのことを頼みにまいる社ではなく、まいることに意義があったので、まいったついでに何かを頼んでおこうといった程度のものである。しかし初詣の人びとは、今年初めてというのは少なく、これまでにもまいった経験を持っている人が多く、その範囲は関西を中心にしている。そして伊勢へのなつかしさ、親しさをおぼえているものが大半のようであるが、先年NHKで普通の日の参拝客にインタビューをしたときには、有名だから、人がまいるから、まいれと親にすすめられたから、新婚旅行のコースだから、というようなのがほとんどであった。そして祭神についてはほとんど知らなかった。それにくらべると初詣の客は伊勢に対してはるかに深い理解とつながりを持っているようである。

それでは昔はどうであっただろうかというに、昔も大してかわりはなかったのではないかと思う。私は全国をあるきまわる途次、老人たちに伊勢へまいったことがあるかについてきくことが多いのだが、私が質問した老人の半分くらいは伊勢へまいった経験を持っていた。その人たちで、天照大神をまつってあることを知っているものはその三分の一もあるかないか。祭神が何様であるかは知らないが、日本で一番尊い神、昔から暦を出している神様として記憶しているのである。一番傑作は「お伊勢様はお伊勢様がまつってあるのだろう」と言ってくれた老人のあったことである。鹿児島県の田舎でのことであった。そういう人たちによって信仰されて来たのである。

昔はやったお蔭まいりを武家政治の圧迫に対する農民の抵抗の姿だなどと説く学者もあるけれど、むしろ世の中が平和で、何か心のうきうきするようなとき、伊勢へ参るのなら街道筋も関所や番所も大して取り締りがきびしくないから、まいって見ようかと人びとが動いたのではなかっただろうか。慶応三年（一八六七）には各地にお蔭踊りが盛におこなわれたが、世情不安だったためか、お蔭まいりにならなかった。そして今日まで百年の間お蔭まいりはなかった。初詣の客のふえたことは、それだけ世間の暮し向きもよくなったことを物語るのではなかろうかということを参拝客のことばの中に読みとることができる。

（『遷宮―現代人と伊勢』遷宮・伊勢の会、昭和四十六年一月）

〔註：慶応三年（一八六七）の「ええじゃないか」もお蔭まいりだとされており、明治二十三年（一八九〇）にもそれほど規模は大きくないが、お蔭まいりがおこなわれている。それを最後にお蔭まいりは姿を消す。〕

忠実な記録を

私が旅に心をひかれるようになってからもう三〇年あまりになる。そのころ先輩たちからきいていた旅の話に思いくらべてみて、すこし時期おくれになっているように思った。私が旅をするようになったときには、もう草鞋をはいた旅人に出あうことも少なく、私自身も草鞋をはくことはなかった。また木賃宿などもほとんどなくなっていた。バスもかなり山中まで入りこむようになっていた。それから以後の日本を見てあるいたのである。だから話には聞いていても、現実には見ることのできなかった習俗や生活が、もう実に多くなっていた。古い習俗が、古い形のまま残っていたのは大正の終頃まであったようだ。それがどんな山中でも米を食べるようになって、生活が大きく変わりはじめるのである。ヒエやムギだけを食べる生活の中には、そのまま古い生活が残っていたのであるが、米の味を知って山中の生活にたえかねて、里に人の下りはじめたのも、この時期からである。

旅をはじめたころは、ただ全国の山間や半島のかげなどをできるだけ歩いて見ておこうと思ったのであるが、今から考えてみると、きわめて大ざっぱな歩き方であった。それだけに歩いたことによっていろいろのことに気付きはしたが、それが学問の上にどれほど役立つものであるかは明らかではなかったし、また自分自身が特別の研究課題をもって歩いたわけではない。

戦争が終ってしばらくの間の旅は戦前のように興にまかせて歩きまわることはなく、何かの目的で歩きつつ、そのかたわら民俗的な調査をして来た。民俗調査のみの目的での旅は、昭和二十五年の九学会連合対馬調査以来である。が、とにかく長い間歩きつづけてみて、戦後のかわり方のはげしさに深い感慨をおぼえるとともに、戦前の日本を見て歩いて来ていたことが、今になってみると私にとっては、民衆の生活や民俗の変化を見てゆく上に大へん役立っている。そのためには同じ場所へできるだけ二度出かけるようにしているが、なかなか思うようにはならぬ。私は旅での印象をできるだけ忠実に書きとめておきたいと思っている。

（「私の日本地図・内容見本」、再録「防長倶楽部」四三二号、防長倶楽部、昭和四十六年七月）

伊勢道中すがた

伊勢に参るなら、心気をなおせ
伊勢の宮川　後生だめし

伊勢参宮と書いた菅笠をかぶり、白い上張・白い手甲・脚絆をつけて、手に柄杓を持った男・女たちが菜の花の咲きにおう野の道を群をなしてあるきつつうたう唄は伊勢音頭であった。どこかで声がおこると人びとはそれに和した。みな長い道をあるきつづけて、松坂をすぎるとお伊勢様も近いというので、おのずから声も大きくなった。道ばたには麦茶や握飯を接待する人たちも出ていた。「お寄りなさい、寄って一服……」とすすめる茶屋の娘もいた。団体参拝の人たちは講の名を書いた幟をたて、若い娘たちの群には男の宰領がついていた。若者たちの群が娘の群にいきあうと、若者たちはかならず娘たちをひやかした。色が黒いとか、お尻が大きいとか、美人だとか、その文句はほぼきまっていたが、それに対して娘たちもやりかえしたものである。

徒歩の旅はつらかったけれども、道をあるいている者の目的は共通しているので、道であう人のすべてに声をかけ、時には茶店や宿で遠い地方の人と話しあうことも少なくなかった。

私の子供の頃にこうした伊勢参宮の話をしてくれた老人が何人もいた。周防の国から伊勢へ参るには大阪まで船でゆき、大阪から淀川を船でさかのぼって京都の宮や寺を拝み、大津・草津・鈴鹿とあるいて伊勢にまいり、朝熊山《あさまやま》にのぼり、二見浦を見、高見山をこえて吉野を通り、高野山へまいって大阪へ出る者と、伊勢から青山をこえ奈良を経て大阪へ出て船にのる者とがあった。見知らぬ土地をあるくのだから失敗をすることも多かったし、時にはけんかすることもあったが、長い道中を唄ばかりうたっているので唄はみな上手になる。中にはとても上手な仲間があって、そういうのは何百ぺんというほどまいっていた。うたうばかりでなく踊も踊った。

ただの百姓で遊芸のできるということは、その心をゆたかにした。私の村の神社建立のとき、地搗・木出し・建前・棟上げのときに音頭とりとして采配をふるったのは、ほとんど伊勢参宮をした人たちであった。

遊芸は伊勢道中で身につけるだけでなく、西の方ならば大阪で身につけた。伊勢から大阪まで帰って郷里への便船を待つ。その間のたのしみは道頓堀の芝居を見、人形芝居を見ることだった。対馬というところは伊勢参宮の盛んなところであったが、どの村でも歌舞伎芝居の一齣が演ぜられ、また脚本などたくさん保存せられているのを見るが、いずれも伊勢参宮のとき大阪からならって来たものであった。熊本県菊池地方の人形芝居も伊勢参宮の土産であった。このように伊勢につながることで民衆の文化はたかめられていった面が大きかった。

ところが汽車で伊勢参宮ができるようになってから、便利にはなったが事情は一変した。唄をうたってあるく道中はなくなったし、伊勢でかならずとまらねばならぬとされた御師の宿も減っていった。大阪での船待ちもなくなった。伊勢参りのはなやかなものは何一つなくなって、芸を売る乞食たちの姿もきえて森厳なものだけがのこされた。

参る途中は精進潔斎が要求せられても、参ってしまえばあとは俗人になってよいというので大ていは古市の遊女屋で精進落しをしてさわいで帰って来る者も多かったが、はじめから精進潔斎しないで、五十鈴川の水で目をすすぐだけになると、古市での精進落しをする者も減って、この町もさびれはじめて来る。

もともと伊勢神宮は皇室の祖神で、一般民の私幣を禁じていて森厳なのが当然だといえばそれまでだが、民衆の信仰を受け入れるようになったことによって全国からの参拝者が相つぐようになり、それが文化交流の役割をはたすことにもなっていったのである。そして北は北海道から、南は鹿児島南方の島々からまで多くの人がまいり、アイヌもまた参拝していた。そうした民衆信仰の社にもういちど戻せないものかと思う。

（『近鉄沿線シリーズ・お伊勢さん』近畿日本鉄道営業企画部、昭和四十六年十二月）

旅の願い

旅は楽になった。どこにもよい宿ができ、たべるところができ、またどこへでも車でゆけるようになった。そしてそういう宿や旅行機関の経営がいくらでも成りたつほど旅行者の数も多くなって来た。そういう世の中になったのは喜ばしいことに違いないのだが、人と人との心の深いふれあいは少なくなって来た。交通が不便で、車にたよれることの少なかったころには行き暮れて見ず知らずの家にとめてもらうことが多かったが、そうした家のことはふかく印象に残っている。それはまた私ばかりでなく相手の人も同様であった。

奈良県吉野郡の篠原というところは十津川流域の山深い在所だが、そこをはじめておとずれたのは昭和十四年であった。それから二六年たって、また篠原を訪ねたとき、前にとめてもらった家へ夜おとずれて外から「今晩は」と声をかけると「宮本さんか」と家の中から声がかえって来た。その家の人たちは二六年たってもまだ私の声をおぼえていたのである。旅のゆきずりのような掛合でもいったん結ばれた縁というものはそれが生涯のものになることが多い。そういうことが私をいつまでも旅へかりたてていったといってもよかった。

私にとっては日本という国は不思議な国であった。長い間の旅に、行き暮れて宿をことわられたということは数えるほどしかなかった。私はそのようにしてあるいたところをできるだけもういちど訪ねてゆくように努力している。しかしなかなか訪ねてゆけないものである。いつの間にか十年二十年がすぎてゆく。そしてもういちどたずねていったときは世話になった人は死んでしまっていたという例が多い。そしてその子供たちからは怪訝な顔をせられることも少なくない。

昭和二十五年の夏、私は対馬の南端に近い浅藻《あざも》というところで梶田富五郎という八十歳すぎの実に記憶のよい誠実な漁師に逢うて、その身の上話をきいたことがある。その文章が高校の教科書にのせられ、NHKの通信教育講座で毎年放送される。今年その講師になった大河原忠蔵先生はわざわざ浅藻の梶田翁の家までたずねていって下さった。翁は私が訪ねていった五、六年後になくなり、その娘さんも六十歳をすぎ、息子のお嫁さんがいま家を守っているという。その後の梶田家にも歳月は流れており、しかもその地に今もつつましく暮らしているという。私は大河原先生の話を実に感慨ふかく聞いた。

家には大きく栄えていく家もある。しかし多くの家は細々としてつづき、時には消えてゆくものも少なくない。梶田翁は山口県大島の久賀というところに生まれ、早く両親を失ったために、子供のとき漁船に乗せられて対馬へ来、浅藻へおちついた。消えそうなかすかな火であったが、人びとの愛情によってまもられ、やがて家を持ち、子もでき、いまでは孫も大きくなって学校の先生をしているとのことであった。そうした消息のわかったことは私には何よりもうれしいことであった。そうしてこの家の火のきえないようにといのる心が切である。

土に根づいた家は絶えそうになってもよく堪えていって、やがて栄えて来ることも多い。そういうものがまた日本という島国社会を支えて来たように思われる。戦前のことであるが永続農家の調査がなされたことがある。その報告をよむと、長く続いた家には大きな金持や地主などは意外なほど少なくて、むしろつつましく堅実に生きている家に永続するものが多かった。つつましく堅実というのは単に勤倹力行ではなく、住んでいる町や村への奉仕もよくし、周囲の人々に対してもあたたかい手をさしのべることであった。そうした家々がいま次第に土から離れはじめている。そして家そのものが大きく浮動をはじめている。世の中が便利になり、生活も楽になって来つつあるけれども、一戸一戸の永続性は浮動のはげしくなるにつれて期待できなくなりつつあるとともに、一人ひとりの心の中から永続を希う心は次第にうすらいで、久しくそこに住みつづけて来た者も「先のことはわからぬ」という気持で日を送るようになったものが多い。つまり、自分たちが田舎で生きることが精一ぱいで、子供たちは子供たちの思いのままにさせようとするものがふえて来た。

田舎のりっぱな家をたずねていっても、「ここにこうして住むのは私一代限りです」とのなげきをよく聞く。いっぽうテレビがあり、ラジオがあり、新聞があり、もう村人が旅の者から世間の話を聞く必要もほとんどなくなって来た。しかしそういうものの中からはほんとの心のふれあいはおこって来ない。いろいろの苦難をこえて日本という国が今日まで栄えて来たのは未来を信じ、また人を信ずる心と、その努力があったからである。どうしたらそういうものがもういちど恢復できるかを旅をしながら考えてみることが多い。

（「更生保護」二三巻三号、日本更生保護協会、昭和四十七年三月）

旅の絵師

日本の民衆社会は十九世紀に入るころから生産力が大いにたかまって来、文字も次第に民衆の間に普及浸透し、書物にしたしむ者も多くなり、その人びとは特に地誌や旅行記にしたしみ、自分たちの住んでいる社会以外の広い世間を知ろうとする意欲がつよくなって来た。したがって地誌、旅行記のようなものの出版が目立って多くなって来たのであるが、それらの書物には文章の理解を助けるために絵図の挿入されるものが多く、名所図会とよばれる一連の書物はそれを代表するものであった。しかし、その絵は多くは見取図で、情感のこもっているものは少なかった。

広重の描いた東海道五十三次の版画は旅情のあふれているものとしては画期的なものであった。それは広重が天保三年（一八三二）の夏、幕府が禁裏へ八朔の馬を献上する行列にしたがうことをゆるされ、東海道を往来する機会を与えられ、沿道の風物に直接接することができたためであった。

その頃の人たちにとって東海道の旅はたのしいものになりつつあった。享和二年（一八〇二）から続刊された十返舎一九の『東海道中膝栗毛』が異常な人気をよび、旅といえばそういうたのしいものだと夢みる人が多くなり、膝栗毛を真似した紀行文も多く書かれるようになっていた。広重の絵には一九のふざけがなく、しっとりとした旅情の出ているのは、その絵にふさわしいような旅ができたためであろう。そして後には木曾街道や諸国名所の絵も描いており、そうした絵が民衆の旅情をそそったことは大きかったと思う。しかもそれが版画であったということで大きな普及力を持っていたが、旅に際して道中の風物をスケッチした文人も少なくなかった。

天明三年（一七八三）、郷里三河をたって東北、北海道をあるいて文政十二年（一八二九）に秋田県仙北郡神代村で死んだ菅江真澄も、その尨大な遊覧記の中にたくさんの挿絵を描いている。これは版画にはならなかったために、原画などを見た人はきわめて少ないが、それぞれの土地の自然や風俗を丹念に描いていることで貴重な資料といえる。しかもいずれも彩色がほどこされて、著者とともにその山河をあそぶ思いをさせるものが多い。その初め、郷里を出発した頃には絵筆をとることも少なかったようであるが、晩年にいたるほど絵が多く、文化十年（一八一三）から十一年へかけては『勝地臨毫』という秋田各地の名勝自然を描いた画集をのこしている。真澄と時期をおなじうしていた司馬江漢も天明八年（一七八八）四月、洋画研究のために長崎に旅行し、『西遊日記』を物し、その中に多くの風物画をはさんでいる。しかもその無雑作なスケッチが旅の面白さをよく伝えているといっていい。

旅にあこがれ、旅をたのしむために旅行し、それを絵にした人は少なくなかったが、中には名越左源太のように流人となって奄美大島に流され、その地の風俗を事細かに描いた人もあった。この図絵と文章は後に『南島雑話』という書物にまとめられたのであるが、その所在が一般に知られるようになったのは昭和に入ってからである。名越左源太は薩摩藩上流の武士である。薩摩藩のお家騒動にまきこまれて島流しに逢ったのであるが、島民の生活を刻明に写したものとしてきわめて価値の高いものである。しかし今日では原本は失われてしまい、写本によってもとの姿をしのぶのみである。

伊豆の島々の島民の生活を描いた『巡島画抄』などもあるいは流人関係の画業ではないかと思うが、今日から見るとすぐれた風俗画として学問的にも価値が高い。『八丈実記』を書いた八丈島流人近藤富蔵にも画心があって、著書の中に所々絵をはさんでいるが、菅江真澄や名越左源太ほど絵には熱心にならなかったようで、まとまったものはない。ただ、青ヶ島の佐々木家に残っている佐々木次郎太夫の肖像画とその讃は、富蔵の残した画の一つとしてこの島の歴史の上からも長く保存の対策が講ぜらるべきものであろうと思った。

最後になったが、山口市の県立文書館に所蔵されている『行程図』とよばれる萩から江戸までの間の実に詳細な見取図は、まだ画家の伝記も十分明らかにされていないが、街道筋の町の様子、沿道の風物などにも特長あるものを書きこんで、地図としても重要な資料といえるものだが、ほとんど世間に知られていない。多分大名の参勤交代につきしたがって、上下の際書きとめたものであろう。こまかな書きこみもあって、沿道の案内図としてこれにすぎるものはないと思う。

目にふれて印象に残るものをこういう方法でしるしておくこともできたのかと、この絵図を見て心をうたれたのだが、幕末における日本の民衆の目ざめは、今日から見ても眼を見はるようなものがあったのである。

（「太陽」№一三一、平凡社、昭和四十九年三月）

観光とは

観光ということばのひびきには何かあらたまった感じがある。よそゆきの着物を着、よい宿にとまり、御馳走をたべ、ゆったりした旅をするといったようなイメージがある。これは文字から来るイメージのようである。見物というのを観覧とよぶと何か高尚な感じがする。観覧にかぎらず、観賞、観劇、観客など観の字がつくと不思議に庶民的な感じがきえる。そしてその語感にそうような旅行がこの言葉の流行にともなって発達していったのではなかったか。旅の宿も観光旅館とよぶと格式が一だん高くなった感じがする。と同時に贅沢で豪華な旅が、観光旅行という言葉とともに普遍化し、観光コースにあたるところにはかならず観光旅館が見られるようになった。同時にそういう旅行の斡旋をする業者も多いのだが、それらは一定のコースにそうておこなわれるものであって、観光旅行に出かけるものは快適な旅をしたいという漠然とした願望を持つだけで、自主的に何を見、何を体験し、何を考えようかというような主体性は少なく、案内者に引きまわされること、世話人のなすがままにまかせておくことによって、旅の楽しさだけを味わおうとする心が強い。そしてそういう旅行の型が大きく定着しようとしている。旅行業者にとってこのような客ほどありがたいものはない。だからこれほど多くの旅行斡旋業者が出現したのであろうが、本来旅は旅する者が主体的な目的を持ち、また旅でなければ体験できないものをもとめ、その風土と人とにかかわりあいをもつようにすることが大切ではないかと考える。もともと観光の意味もそういうところにあるのではないだろうか。そして日常生活する場所では得られないような体験をすることによって、日常生活への反省もなされる。

観光旅行が本来の旅の主旨にたちかえるような旅行への回帰はもうぼつぼつおこっていいのではないかと思う。

人をあそばせるための観光施設も必要であろうが、それにもまして重要なのは、より多くの人々が事務や利害をこえて知りあう機会をもつことである。そういうことのために観光ということばの内容と意味がかわってくるように望んでやまない。そしてこういう雑誌ももっと旅の仕方について幅広い助言などすることはできないものであろうか。少し旅行者にこびすぎているようにさえ思うのである。

（「観光」六二一号、日本観光協会、昭和五十一年五月）

街道が語りかけるもの

　日本は山坂の多い国だけれど、勾配を緩やかにすれば車の通る道を作ることもむずかしくなかった事実を、明治になってから知ったのであるが、江戸時代は道は歩くものときめてかかっていた。そんなにしたのは道を狭く、不便にしておくことが江戸のまもりにもなると考えた幕府の政策によるものであっただろうが、人びとは歩くことを苦にしながらも旅をつづけたのであった。不便な道を足にマメを出しながら毎日歩くのは容易でないから、人びとは道の途中にいろいろの遊び場所や信仰地を設け、また人の心にのこるような施設をして旅の憂さをはらす工夫をしたものであった。

　そうした中で男にとってもっとも心をなぐさめてくれたのは遊女たちであった。温泉にいる女なら湯女、宿場の女は飯盛女といった。遊女がいると風俗が乱れるといってきびしく取り締り、信州から草津へこえる道の途中の湯女たちを締め出した佐久間象山のような人もいたが、街道の宿場には遊女のいるものが多かった。

　遊女はいなくとも、大名や武士をとめるための本陣や宿は多かった。構えも大きくりっぱで、今見てもまことに堂々としている。そうした旧家がたくさん残っているのが宿場の特色で、福井県今庄や能登の村々にはそれらの家が国の重要文化財に指定されているものが少なくない。日本の街道は大名が江戸へ参勤交代するために開けたものが多かったが、神社仏閣へまいるために発達したものも少なくない。伊勢神宮へ参るための参宮街道、善光寺へ参る善光寺街道、秋葉山へ参る秋葉街道、白山へ登る鶴来街道、富士へ登る富士道などはそれで、人通りが多いとその道のほとりにはいろいろの名物や名所も生れた。善光寺道の修那羅《しょなら》峠の石仏群などは、通りあわせたものが、そこを聖地として石仏をまつったものであろう。佐渡の梨ノ木峠の地蔵様なども、そこを人の魂の行くところと考えてまつったものであろう。

道ばたに神や仏をまつるばかりでなく、加賀の鶴来の町には酒造が十二軒もあったり、タバコを刻む職人が一五九人もいたりしたというのは、もともとは通りあわせた人を相手の商売の発達したものではなかったろうか。

今庄のソバなどもおなじことが言えるだろうが、そうした中で面白いと思ったのは秋葉街道森町の古着屋のことである。山中に住む者や僻地に住む者は、着物を買うにしても新しいものは金がかかるので、よい着物は都会の人の古着を買ってすます風習があった。それには山の入口のようなところまで古着を運ぶと、それを買いとって、さらに奥地へそれを行商する風が見られた。森町はそうした町であった。

それとはやや異なるが、岐阜の長良川でとれたアユを鮨にして江戸へ送るための人びとが通ったお鮨街道は、名前からすればまことに風雅であるが、その役目を果たすために旅した人びとにとっては肩のこる思いであっただろう。

物資を運ぶのが主要な目的である街道もまた多かった。新潟から会津へこえる会津街道もそうした道の一つであり、会津盆地への物資は阿賀川を川船でさかのぼって途中から陸行して会津若松にいたったものであるが、この道は時には江戸から佐渡へ金山の水替え人足に送られる佐渡流罪の人びとがトウマル篭に入れられて運ばれた道でもあった。おなじように越中から飛騨白川にいたる利賀街道も物資を運ぶ道であった。これは平野地方から山中へいろいろのものを送りこみもしたであろうが、白川、上平の村々でとれる煙硝を運ぶためであった。煙硝といっても火薬の原料にする硝石をとったので、これは糞尿かけて腐熟した堆肥を家の床下にひろげて通風をよくしておくと、白い小さい結晶がたくさんついてくる。それをあつめて水でとき、ごみは取り去って煮つめると、今度は白い結晶だけになる。それが硝石である。硝石をとるために白川、上平、平の村々では合掌造りの大きな家をたてたのだという。利賀では空き家になった合掌造りを一カ所に集めて文化村を作っている。

文化村を作ってもいいような古い豪壮な建物の多く残っているのが街道の村であるといっていい。そして街道の村をあるいてみるとわれわれの心をときめかしてくれる何かがある。ここに紹介されているものはほんのわずかにすぎない。自動車でいくのではなく、リュックサックを背負って古い街道を歩いてみると、昔の旅人が何を目的として歩いていたのか、また歩いている人を相手に土地の人はどんなサービスをし、また儲ける口を見つけていったのかがわかるばかりでなく、そういうもののうえに長い年月が重って来ると、そこにすぎ去った人たちの姿があざやかにうかび上って来る。

（『我が街道』建築資料研究社、昭和五十三年七月）

旅と健康

私はたくさん病気の経験をしてきた。二十五歳くらいのとき胸部疾患になやまされたのをきっかけに、胃潰瘍、胆石、十二指腸潰瘍などを病み、若いときは脚気にも苦しみ、中耳炎、蓄膿症など、思い出しただけでも多すぎるほどの病気をしてきた。そして何回か死に瀕したこともあったが不思議に今日まで生きのびてきた。無病息災とはいえないが、一病息災といってよいのではないかと思う。今から三年あまり前までは土曜日も日曜日もない日を過ごし、夜はたいてい三時まで起きており、朝は七時半から八時に起きる生活を続けてきた。しかし倒れるまで制御のきかないことが多かった。

ただ、食べ物だけはずいぶん注意した。えり好みをするのではなく、できるだけ差し控えるようにしてきたのである。いわゆる食うたのしみはそれほど強いものではなく、どこかへうまいものを食べにゆこうとは思わないが、旅をしていて一番たのしかったのは山の上、峠の上などで弁当を食べたことで、それも多くは握り飯であった。朝泊まった家をたつとき、その家の者が作ってくれたもので、時にはそれが麦の握り飯であったこともあるし、おかずが漬物だけのこともあった。それでもそれを作ってくれた人のあたたかい心にふれて、思わず涙をその握り飯の上におとしたことも少なくなかった。そうした人びとの温かい心にまもられて今日まで生きてくることができたのであろう。病気のときも実に多くの人びとの世話になった。昼夜つきっきりで看病してくれた少年もいたし、お宮へ裸足参りをしたり水垢離をとってくれた子供もあった。そうした人びとのことを聞いて、死んではならないと思った。

また病床に臥していると旅の日がしきりに思い出された。明るい日のもとを、雨の中をひとり歩いている自分の姿を思い出すのである。そしてそこへもう一度いってみたいという心がしきりに湧いてくる。もう再びあるけないのだろうかと思っているのが、まただんだん歩けそうな希望が生まれる。そしてもう一度青空の下に立ったとき、ほんとうにいのちの尊さを教えられる。最近は長い道を歩くことも少なくなった。先日岡山の山中を久し振りにあるいてみた。もう駄目かなと思っていたが、歩いているとだんだんあるけるようになる。それにしても、その日一日あるいてみて、あるいている人に一人も逢うことがなかった。今はみな自動車を利用している。そして別にスポーツをやっている。

人の生きる姿勢というものは時代によってかわってくるのだろうが、私のような者には私なりの生き方があったのだと思う。机にかじりついて本をよみ原稿書く日と、旅をする日とがもとは截然とわかれていた。しかしその二つがあって今日まで生きられたように思う。旅は私の生命を新たにした。

(「ホームドクター」三月増大号、朝日新聞社、昭和五十四年三月)

旅に学ぶもの

旅のたのしさは旅先で、それまで予想しなかったよい人に逢うことであり、思いそめぬものを見ることであり、また、新しいことを発見することである。汽車に乗って同じ線を何回通っても、そこに何らかの発見が毎回あるものである。同時に、旅をするたびに一つの課題を持って乗ってみることである。たとえば、民家の屋根がどんなに変わっていくだろうか、というようなことを一つの課題にして見ていくとする。

昭和二十年までは東京を出て熱海に到るまではトタン葺の屋根が多く、屋根は寄棟が多かった。遠州平野は昭和三十年頃までは草葺の入母屋が多かったが、近頃は黒瓦に変わった。中には草葺の上にトタンをかぶせたのも見かける。それが愛知県へ入ると切妻の瓦屋根が多くなり、名古屋をすぎると、また入母屋になる。そして、入母屋はずっと下関まで続くのだが、広島県の三原から広島までの間は赤瓦が多くなる。見た眼にはそれだけの現象だが、それについてまたいろいろ教えられる。

神奈川県下にトタン葺が多いのは、関東大震災のとき瓦屋根の家は多く倒壊したが、草葺の家はほとんどつぶれなかった。つぶれなかった草葺はそのまま住んだが、つぶれた家はトタン葺に変わったという。災害は忘れた頃にやってくるという。近頃ひ弱な感じのする新興住宅がずいぶんふえて来たのだが、もし大きな地震がおこったらどういうことになるだろうかと、新しい家を見ていてすごく不安になるのである。

寄棟の家は草葺の頃にも多かった。ところが明治に入って、いたるところで蚕を飼うようになった。蚕を飼うと上蔟のときには広い場所を必要とするので、座敷ばかりでなく天井裏を利用するようになった。しかし、天井裏は暗いので両側の屋根を半分ほど切り落して、そこから光をとることにした。このような屋根をカブトといった。最近は蚕をあまり飼わなくなったから、家を改造するときカブトにしなくなった。そして、初めから二階にするようになった。

入母屋の家が多いのは、草葺で煙突をつけることができなかった頃、家の中にこもった煙を破風から出すことができるので、破風のある入母屋が喜ばれたようである。そして、屋根が瓦葺になって煙突をつけても破風のある屋根は作った。

愛知県三河のあたりに切妻の家が多いのは、もとその奥のあたりに切妻の家が多かったことによるという。飛驒から木曾へかけては、昔は板葺の家が多かった。板葺の家は切妻が多かった。そして、この地方の大工は切妻の家を作ることを得意にした。山間の人々は草屋根よりも板葺屋根の方を佳としたので板屋根がひろがってゆき、板屋根が瓦葺になっても切妻にしたものだという。また、そういう屋根の家を作るのは飛驒や木曾の大工が多かった。

このような話は無限にひろがっていく。注意して見ており、それを何かの機会にその地方を歩いたとき土地の人にきいてみる。これは屋根ばかりでなく、あらゆるものについてためしてみることができる。

物には変わっていくものも多いが、根本においては変わらないものも多い。何が変わり何が変わらないのか、何が消え何が残るか、一〇年も二〇年もためしているといろいろのことを教えられる。だから旅は楽しく、また旅によって実に多くのことを教えられる。

（「国際交通安全学会誌」一八号、国際交通安全学会、昭和五十四年十二月）

「街道をゆく」

司馬遼太郎氏の「街道をゆく」は、きわめて魅力に富む紀行文である。そしてこのような旅ができたらと思う。その魅力となっているものは考える旅であり、発見の旅だからである。

かならずしも有名な名勝や古蹟や温泉などをたよりにして歩くのではなく、何でもないようなところをあるいても、そこに発見の喜びがあり、また物を考える課題を与えられることによって旅の意義を感ずるからである。

だから本来なら司馬さんにお願いして一緒にあるいていただいて物の見方や考え方の手ほどきをうけるのがよいのであるが、それは容易なことでないので、司馬さんの歩いた道を司馬さんが歩いたような歩き方で仲間を作って旅をしてみてはどうかと考え、司馬さんのおゆるしも得た。そしてその旅が「街道をゆく」をこえるほど充実したものになれば、司馬さんも、参加して下さる方々も心から喜んで下さるのではないかと思う。そんな旅をしたいものである。

（「街道をゆく」ツアーパンフレット、日本観光文化研究所、昭和五十六年三月）

教育を考える

就職以前

ごく平凡なことだが、仕事をしようとする人間にとって何より大切なのは健康であること。それによってどんなことをしても苦にならず、また苦にしないことによって、われわれはどんな事態にもぶつかることができる。あらゆるものを征服せずにはすまない情熱もそこに生まれる。美しい夢、雄大な夢は建設の可能性のあるところに生まれている。そして人が野心的であることは、その人をたくましく見せるばかりでなく、その人の持つ可能性に心ひかれるものである。

学校というところは人に可能性を与えるとともにまた大きな限定性をあたえるところである。一つのことのかぎりなき追求は、そこによこたわる未知にゆるぎないほどの気迫を人間に植えつけるものだが別にはまた人間を一つの枠の中へはめていく。とくに卒業証書というものは人間を妙に限定してしまう。高校を出てなくても大学へ行けるということになった場合、いったい高校の権威はどれほどたもたれるものだろうか。就職試験に学歴をとわなくなったらどうなるだろうか。学歴が就職への資格として存在するようになって学校の社会的な位置が定まってくるとともに、学校の持つ社会的な限定が生まれ、学生はその限定内で訓練され、教育される。それは社会的な順応性を持つということにおいて意味のあることだが、そのさきにある就職はまた社会的にも経済的にも、より有利で身分の保障せられるところがもとめられる。そしてそういう条件をもとめて競争がはげしくなる。それが年々くりかえされ、世の中に送り出された秀才たちは、それぞれ地位も身分も保障された職場におちつき、そこで一歩一歩地位を高めていく。

◇　◇

一方いろいろの悪条件のために就職の機会を持ち得ないものがある。われわれはこれを就職難といっている。理想としては自分の希望するような就職の機会を持つべきだが、社会の債勢は必ずしもこれをゆるさない。

というよりも、よりよい学校、よりよい就職、生活の安定のみを願うまえに人間の中にある不軌なものをもうすこし生かして見るようなこころみがあっていいのではなかろうか。古くはこういう感情をロマンティシズムの名をもってよび、学校を出て就職しようとする際、これから自分を位置づけようとする社会に、反逆と抵抗の感をいだいたものが少なくなかった。そしてその反逆を青春の一つの誇りにし、いそいそと就職するものに軽蔑の気持を抱いたものさえあった。

そういう気概はいつの世にも若い人たちの胸の底にもえているが、私はいまこそもっとそれが爆発していい時機ではないかと思う。「就職糞くらえ」。そんなふてぶてしさをもつものもあっていい。そして胸をはってとに角民衆の中へはいって見ることも一つの人間的なこころみであっていいと思う。

事実、民衆は――とくに海に山に土にしがみついて働いている人たちはより悪い条件と時代的なおくれの中でたたかいながら、より高い知識をもとめ、生きる工夫に苦労している。そういう人たちの中へはいって、「生きるということはどういうことなのか」ということを真剣に見つめ、考え、またその人々に協力しあうことが、民衆の前進に大きく貢献するのではあるまいか。若い大学生が血のメーデー事件のときまきぞえをくって、九州の南の奄美大島までおちのびたことがある。彼はそこで中学の先生を二年して、島の人々の生活を見、心うたれるものがあった。事のついでに日本全土の後進地をあるいて見ようと決心して、若干のたくわえをもって、鹿児島から宮崎、大分、山口と歩き日本海岸を富山まで来て、すっからかんになり、そこから道路工事などの日雇労働をしつつ、新潟、佐渡、山形、秋田、岩手と歩いているうちに年月がすぎた。彼はその間飢えもしなかったし、太陽のように明るく元気であった。また明るく元気であらねばならなかった。人々は彼にそういうものをもとめたし、また彼からいろいろなものをまなぼうとした。そうした彼が、すこしあたらしい空気をすうために東京へ出て来て、生活資金の必要から書物の行商を考えついて、もう一度北上山中へ出かけた。かたわら子供たちに紙芝居も見せようとして、そういうものを買っていったが、そのまま彼はかえって来ない。きっとあの山村をあるいているに違いない。民衆が彼をはなさないのだと思う。

学問がこうした僻地の人たちのためにほんとに味方になるものであってほしいものだと私はいつも思っている。政治の貧困をとくこともいいが、そのまえに若い人たちが若い情熱と知識を彼等のために役立ててみるとともに、また彼らから現実に生きるということがどういうものであるかをまなぶことはわれわれが本当の意味の生きる自信をつけることになりはしないだろうか。「学生よ故郷へ帰れ」とうたって故里へかえった人もある。

日本の村々を貧困にさせた原因の一つには、子弟の教育のために金をかけ、その子は学校を卒業するとともに、都会に住みついてしまい、ふるさとはまたそれほどまずしくならねばならなかったということがある。人も金も村から出ていってしまうのである。そしてそれはいまもなおつづいている現象である。日本の国土のうち六五％は林野であり、そのうち造林されている面積は二〇％、まったく未開拓の山野が三〇％をこえているという。そういう境にその自然とともに忘れられたように住んでいる人の世界がある。そういう世界を現実に見、これをどうすればよいかということについて考えてみる。そういう時、人間の知識の具体性の乏しさにおどろくものである。あらゆるものが自分の企画の遂行をはばんでいるようにさえ見える。

しかし人はその八方ふさがりの中から生産手段を見つけ、文化をすすめてきたのである。未開拓の世界には決してレールはしかれていない。が、この未知なるもの未開拓の世界にむかいあうとき、人は期せずして、そこにどういう開拓の鍬をふるうべきかを考える。そして対象が自分に大きくおおいかぶさる力をもっていればいるほど、われわれはそれをどう克服すべきかという意欲と情熱にもえて来るものである。若い日、学校を出てそれぞれ将来を托する職に身をおくまえに、われわれは自分の力で生き、自分の目で見、自分の頭で物を考え、それが自分を納得もさせ、相手の承服も得られるような機会をもってみてはどうであろう。

われわれが現実に即して物を考え、生き方をまなぶ機会はそのほかにも多い。そしてしかもそのような機会を自らえらんで持ち、生きぬく体験を持つことが、自分自身のはっきりした考えと計画のもとに行動する訓練をつけることにもなるのではあるまいか。つまり土性骨《どしょうぼね》のすわった人間の誕生ともなるのだと考える。

◇　◇

私は長い間民俗学という学問のために国内各地をあるきつづけた。そして今日ほど僻地の民衆がより高い知識をもとめ、生きることに工夫をこらしている時代はないと思うのだが、それにこたえる知識と努力のとぼしい時代もまたないのではないかと思う。しかも日本各地には大学が群立し、学問や知識はうずまいて若い人々をとらえているのであるが……。

ただこれらの学問にたった一つかけているものがあるようだ。静かに現実を見、語るものをして自由に語らしめ、それを謙虚に聞こうとする態度である。これなくしては真の説得力も生まれない。民衆とともに生きるときわれわれは何よりもまずそのことを教えられる。

（「東京大学新聞」昭和三十三年九月十日）

漢文教育に何を望むか

漢文教育はできることなら、書きおろし口語体にしたものを教えることにしてはどうかと思います。シナ文化にほんとにふれたい人のみが白文や返り点訓点つきなどをならえばよいので、漢字のみでなければシナの文化は理解できないというようなものではないと思います。『万葉集』はカナまじりにしたことによってしたしまれ、筆書の古文書は活字になることによって多くの人に理解せられることになりました。漢文が漢字を知るための学問でなくその思想や文化を知るためのものであれば、書きおろしにして漢文としてでなく、シナ思想、シナ文化、シナ文学として学べるようにしてほしいものです。するともっと多くの役にたちましょう。

（『言語生活』筑摩書房、昭和二十七年六月）

地方文化を育てる

明治以来、日本の政治や教育はひたすら地方の文化を消して中央の文化に統一しようとしてきた。ことば一つにしても方言はわるいことば、標準語はよいことばとして教えられたし、また学校で民謡などうってはならないものとされ、村の休み日に学校を休むと、なまけ者として先生にしかられたものであった。私たちはそういう教育をうけて成長し、そういう眼で物を見るようになり、田舎にある文化や伝統的なものはすべて古くさくてわるいものだと思いこんでしまった。しかしある地方に方言やいろいろの習俗が生れ、持ちつたえられて来たのにはそれぞれ理由のあったことであり、そこには人間の知恵がにじみ出ているものも多い。そういうものについて学ぶことはその地方に生き、その地方を開発していく上にまたいろいろ教えられるであろう。

気候や風土がちがえば、そこにおのずからその土地に適した文化も生れて来るものであって、大切なことは卑屈にならないで、胸をはって、地方に住むことに生甲斐を感ずるような文化、それぞれの土地にふさわしい文化をそだてていくことだと思う。

(「NHK青年学級だより」、昭和三十九年十一月一日放送)

おちついた読書

私は小学校を卒業して後、正規の勉強をしたのは師範学校の二部と専攻科の二ヶ年だけであった。そのためか、机に向かって書物を読む機会はきわめて乏しかったし、図書館を利用することも少なかったが、書物はほとんど手ばなしたことがない。電車の中、バスの中、人を待つ間などに読んだ。したがって、大きい書物を手にすることは少なかったが、それでも冊数にすると、かなりの数にのぼっている。ただ、物を書くときは机に向かわねばならない。それは夜間が多い。昼は別の仕事に追われて、自分自身の仕事にぶちこむことは少なかった。考えて見るとまったく落ち着きのない日々であったといえる。しかし、これは私一人ではないようだ。電車へ乗ってみると若い人たちが何人かかならず本をひろげて読んでいる。サラリーマンたちがスポーツ紙や週刊誌を読んでいるのと対照的であるが、この若者たちがサラリーマンになるとやはりスポーツ紙を読むようになるのだろうかと思ってみる。しかし、かならずしもそうではないと思う。一〇年まえに電車の中でこれほど本は読まれていなかった。みんながある落ちつきをとりもどしてきたことによって、まとまったものを読もうとする意欲がつよくなってきはじめたのだと思う。ただこの人たちも時間を十分に持っていないのであろう。だが読書の習慣のついた人たちは、これからさき図書館を利用することが多くなるのではあるまいか。アパート暮らしをするものが多くなると、本をならべるスペースも少ないであろう。よい本をゆっくりおちついて読みたいというときには自然に図書館へ足が向かうようになってくると思う。それにはよい本をたくさんそなえた図書館がたくさんできなければならない。そして人間が静かに物を考えるゆとりを持つようになったとき、はじめて人間がこれからさきどのように生きてゆくべきかという方向を、はっきり見いだせると思う。

（「学校図書館」一九四号、全国学校図書館協議会、昭和四十一年十二月）

成人教育の場

──若者宿

大正時代までは、農漁村では十五歳になると、親は子どもたちに出来るだけ干渉せずに、子どもたちの自由にまかせる風習を持ったところが多かった。そして世間の風にあてていろいろのことを学ばせようとしたのである。ところで若者は、それでは各自勝手なことをしたかというと、たいていはそれぞれ仲間をつくり、宿を定めて、夜になればそこで泊まり、また、娘のうちなどにあそびにいって、男女交際の道もおのずから身につけたのである。

この宿には、伊豆地方に見られるような、独立の大きな建物を持ち、兄若衆の監督指揮のもとに行動し、新参者は兄若衆の命に従って行動するという型もあれば、同年輩の者が組んで一般民家の一間を借りてそこへ泊まりにゆく例も見られる。瀬戸内海地方にはそうした宿が多いが、愛知県篠島もその例に属する。このような生活によって、若者たちは自分の家庭以外での生活のしかたを知り、また共同作業や祭礼・盆踊の世話などして、村落共同体の一員としての知識や技能を身につけたのだが、何よりも得がたいものは、若い娘にたいしてごく自由な交際の機会をもったことである。そして周囲も本人も似合いであると思えば結婚することになる。こういう社会では、恋愛結婚はきわめてあたりまえのことであり、またお互いの助けあいの気持ちもつよかった。欠点があるとすれば、婚域が一つの部落内にかぎられてくることであった。しかし最近、若者たちは村をはなれはじめた。村での生活の将来性がなくなってきたからである。若者宿もほとんど解消してきた。都会に出た若者たちは、学校や職場でサークル活動やクラブ活動に参加できる者はよいが、都会へ出てみると、働く若者のための交遊機関は案外少ないようで、それが孤独に追いやることになる。若者たちの自殺の一番多いのは日本だが、理由の一つは、群からはなれた孤独にあると思う。都会での働く若者の交遊機関は真剣に検討されなければならぬと思う。

（「朝日ジャーナル」朝日新聞社、昭和四十二年三月十二日号）

〔註：篠島の名を出しているのは、篠島の若者宿の写真を使ったグラフ頁だからである〕

自主性と積極性を

―新学期への提言

私はいま美術大学につとめていますが、学生諸君を見ていて、一年ごとに積極性のない学生がふえているのを感じます。おそらく試験勉強のことばかりに気をとられて、自分をほんとに充実させること、自主性をもつことを忘れているのだと思います。もっともっと自己を充実させるための書をよみ、また積極性をもってほしいと思います。と同時に、意気投合するよい友をもつことです。単なる遊び友達ではなく、共に運命をきりひらいていくような友です。

（「朝日新聞」、昭和四十二年四月三日）

大学問題所感

大学の入学試験の面接に「あなたの敬愛する人物は」ときいて、「ない」と答えるものの多いのは近ごろの一つの現象のように思われる。つぎに、小学校から高校までの間に特に印象に残った先生についてきいてみて、すぐ答えられるものが全体の一割そこそこにすぎないことも近ごろの学生たちの一つの姿ではなかろうか。「先生はサラリーマンですから」と答える学生の多いことも目につく。

つまり高校を卒業するまでの間に、人間不信や教師不信が根強く植えつけられている。それが大学へ来ると、高校まではまだ五〇人以下のクラスで授業をうけていたのが、大学になると一〇〇人、二〇〇人を相手の講義はあたりまえのことになっている。人と人とのふれあうことなど絶望的といっていいのである。大学騒動がおこらなかったらどうにかしているということになる。

大学の講義は味気ないものである。まじめにきいているものはそんなに多くはない。休んでいるものもある。だから「こんなことをくりかえしていていったい何になるのだろうか」とむなしさをおぼえることが多い。学生のほうも同様であろう。ほんとにやりたいものだけを集めて研究会をする。しかしそれは、教えている学生のうちのひとにぎりにしかすぎない。研究会へ出ないものに対しても、できるだけ何かテーマをもって現実の社会を見てあるくようにすすめる。そのように努力してみても、一人の教師が顔もおぼえ、名もおぼえ、その性格もわかっているというのは一〇〇人以下である。

一方、一つのことに集中してやってみるとか、自分の努力によって自分の世界をきりひらいていこうとするような傾向の学生も、高校生以下には非常に少ないのではないかと思う。つまり基礎的なことができていないように思われるのである。今日までの教育の弊のしわのすべてが、マスプロ教育の大学に寄せられてしまっているために、一人で少々の努力をしてみてもどうしようもないという感じを強くする。

今日の大学騒動の原因や理由はいろいろあるようだが、その共通した根本的な問題は大学以前の教育のあり方にあるように思われ、その問題を多少とも解決するために大学が存在するのではなく、逆に、その矛盾を増大するような組織と構造で大学が存在するとすれば、もはや救いようのないものになってくる。

小学校や中学校、高校くらいまでは授業の始めと終わりには挨拶としての礼をしているが、大学になるとそれすらない。いずれにしても、このままではすまない状況の中に教育の問題はおかれているのだし、一つの大学の中で少数の人々がそれぞれ対策を工夫してみてもなかなか問題の解決するものでもない。

そういうことで思い出されるのは昔の塾の制度である。学びたいもののみがそこへいって学ぶ。と同時に一つの塾で学べば、もうそれでおしまいというようなものではなくて、師を求めてどこへでもゆけるようにしてみてはどうだろうか。また、大学の中の一人一人の教師が塾主として教育と研究の指導にあたり、そういう塾の集まったものが大学であるというようにしてみてはどうであろうか。大学の中でそういう運動がおこせなければ、民間でそういう運動もおこされていい。多くの設備を必要とする自然科学系の学問には、このような制度はいろいろの難点があるにしても、人文科学系の学問ならば、このような制度も可能になってくるのではないかと思う。

とにかく、教育は人と人との関係によって成立するものであって、相互信頼と尊敬の中にはじめて教育は意義をもってくる。それはお互いにじかにふれあってこそ生まれてくるものであり、そうでなければ著書やラジオやテレビを通じてもこと足りるはずである。そういうものでこと足りないところに教育の問題はあるはずのものである。だからと言って、一人の教師が一〇〇人、二〇〇人のものに接するのでは肌のふれあいというようなものは生まれない。大衆団交などというような構想も、大衆講義のイメージの展開であって、大衆講義が可能ならば大衆団交も可能になるという考え方の生まれるのも当然で、人と人とがふれあうということはそういうことなのかという基本的な問題を見失わない方法を講じないかぎり、教育は成りたたないものであると思う。

しかも、いま多くの若い人びとは生きるということはどういうことかということについて、あるいは生きるためにはいかにあらねばならぬかというようなことについて真剣に考え、また実践しようとする姿勢を失いつつあるように思う。それは同時に、教育者あるいは先輩たちの姿勢でもあるのだが。

あらゆるものを自己自身の問題として考えようとすることによって、世界が自己のものとして展開してくるはずであるが、世界はいつも自己の外にあるものとしてとらえられる。そしてそれは今日われわれの背負わされている教育のもっとも大きい問題であると思う。

（「週刊東洋経済」三四六一号、東洋経済新報社、昭和四十四年三月）

教育とはなんなのか

去年と今年、大学入試の面接のとき、「小学校、中学校、高校でつよく印象にのこっている先生はないか。尊敬する先生はないか」という質問をしているのだが、ほとんどの学生がしばらく考えて「ない」と答える。中には小学校のときの校長先生がりっぱであったとこたえる学生が時おりあるが、その名をおぼえている人はほとんどない。学校の先生の印象というものはそんなにうすいものであろうか。私たちには考えられないことであるが、時間のゆるすかぎり、なぜ印象にのこらないかについてきいて見た。大半は首をかしげてしばらく考えて「ひとりやふたり多少印象にのこる人はあるけれど……」というつぶやきでことばがきれる。中には「先生はサラリーマンですから」と答えるものがいる。中に「あいつらサラリーマンだから」と軽蔑をこめて答えたのがいた。そういう人たちが大学へはいってくるのである。

教育が事務になってしまっている、と言っては言いすぎであろうが、とにかく、それに近い状態にあるのではないかと思う。私は毎年自分の講義について一年のおわりに学生の感想をきくことにしている。いままでテキストなしの講義をしていたが、昨年の連中でテキストのあったほうがよいというものが多いので、テキストをつかって見た。するとテキストをよませるのはコリゴリだ。中学校や高校でよまされただけでもうたくさんである」と感想をもらしたものが圧倒的に多かった。高校までの間の教科書の使用に対して学生たちはアレルギー症状をおこしているのではないかと思うほどである。こころみに、教室以外の場で十数人の学生に国語の教科書の文章を思い出してもらったことがあるが、ほとんどおぼえていない。

いったい学校教育とはなんなのだろうか。何をどうすればよいのであろうかと考えさせられることの多い昨今である。

（「中学教育」一四巻二号、小学館、昭和四十四年五月）

断絶を考える

人は物質的にみちたりて来るとかえって不満をおぼえる。食うものも十分にあり、あそぶところもある。そして一日一日が昨日につづく今日として存在し、明日が今日の延長であるような日々がくりかえされていくと、いつの間にか自分が何ものかにしばられて生きているような息ぐるしさをおぼえて来て、ただわけもなくそういう生活をこわしたくなって来るもののようだ。今日見られる学校騒動はそのあらわれであると思う。生れて大学を卒業するまでの二二年間、生産活動にたずさわらないで学問というものをさせられる。自分の意志にもとづく創造的活動はなく、中学では高校へ入学するため、高校では大学へ入学するため、大学では就職するための勉強を余儀なくさせられる。平々凡々の日々だが、自分のためという勉強はほとんどない。いっぽうみちたりて平穏であればあるほど、こういう生活が正しいのかどうかと疑って見ざるを得なくなる。もとより自分自身の意志で、学問を真理をもとめていく人もあるであろうが、それはごく少数のようで、今日の大学はより有利に就職するための訓練機関であることは言うまでもない。

しかも自分自身で働いて金を得ての勉学ではないから不平を持つと不平だけにかたまってしまう。働いてまなんでいるものにとってはそうではない。不満はあるけれども不満があるからといって仕事をなげ出したのでは学校へもゆけなくなって来る。そこで通信教育の学生たちはじっくりと足が地についている感じがする。

近頃よく断絶の時代だというけれども、働きながらまなび、また早く就職している若者たちと話しあっているとき、私は少しも断絶を感じない。むしろ実に多くの共感をもつ。つまり、働く者の間には断絶はないのである。働かなければ、働く者との間に断絶のおこるのはいつの時代もおなじであった。かって武士は働かなかった。そのため武士と農民たちの間には大きな断絶があった。武士は社会階層として存在したが、学生は年齢的に特権階層を形成する。しかも家庭の中にあってさえ親は子に手伝いなどさせようとはしなくなっている。断絶がおこらなかったらどうかしていることになる。

みち足りたかに見える生活は実はみずからもとめて得たものではなく与えられた生活である。与えられた生活はそれがどのようにゆたかに見えても自分を満足させることにならない。満足とは自分がすすんでもとめ得たときにあるものである。そしてすべての人がそういう道をあるくことができるなら、断絶などということはおこりようがないはずである。しかも断絶が進歩を意味するものでないことをも深く反省して見るべきであろう。そして教育が特権階級をつくるためのものでなくなるとき断絶はなくなるものと思う。

（「自由」自由社、昭和四十四年十二月号）

伝書鳩のように

「国語通信」へ「仕事を進める上にどういうことを一番心掛けているかについて書け」というお電話をいただいて、安うけあいしたあとで、ハタと困ってしまいました。実は私には心がけというようなものは何一つないのです。私は若いころ師範学校にまなびましたが、哲学の先生から「おまえはキャラメルのような男だ。上アゴにつけば、上アゴの形がつき、下アゴにつけば下アゴの形がつく」といわれたことがあります。国語の先生からは「おまえはブレーキのきかない男だ」といわれました。そのことばが身にしみていまもよくおぼえています。何の企画も持たないで生涯の大半をすごしました。したがって私には将来に対する何の見通しもありませんでした。小学校の先生になったのも、それを聖職だと思ったからではなく、それまでやっていた郵便局員よりは多少生活が楽になるだろうと思ってのことでした。したがって決してよい先生ではありませんでした。そのような私に「全国をあるいて見ないか」といってすすめて下さった渋沢敬三という先生のことばにひかれて東京へ出て来はしたが、基礎的な勉強もしていない私に何ができたのでしょう。もし旅が私をひきつけたものがあったとすれば、村人の愛情と老人の謙虚な姿ではなかったかと思います。旅へ出るにしても方向は一応きめて出かけますが、そのほかには何一つきまったものはありません。とめてくれるところでとまり、引きとめられればまたそこで日を重ねます。それに話をしてくれる人たちはいまから思いかえしてみて、みな珠玉のような人たちでした。問えばかならずその体験をこまごまと話してくれました。相手が無口で、また大した体験も持たない人なら別ですが「あの人はよい人だ」と村の人に言われた老人をたずねていって失望させられたということは唯の一回もありませんでした。どの村にも実にりっぱな人がいました。しかもその大半が村の中流層以下の人であったということはいろいろのことを考えさせられました。村人はそういう人を規範にして生きていたのですね。そういう人たちはまた心のやわらかな人でした。仮に三日もお世話になると、たいてい涙をながして別れをおしんだものでした。そこでついかならずまた来ますといって来るのですが、まえにいったところへ、もういちどたずねてゆくことのできたのはおおよそ半分ほどでしょうか。しかも一〇年二〇年をへだててからのことが多いのです。老人たちはたいてい死んでいました。そういうことがいまもひどく心にかかっています。人を裏切ってはならないと思いつつ、つい裏切りをしているものです。

が、こうしたことからはてしない旅がつづき、昭和二十五年から後はいろいろのところからたのまれての調査の旅が多くなりますが、よい年寄りにあって見たいという気持はいつもありました。私の中にやや積極的なものがあったとすればただよい老人にあいたいというだけでしょう。あとは誰かに尻をたたかれていたのです。瀬戸内海の研究なども渋沢先生から、「瀬戸内海はおまえの生涯をかけてやらなければならない仕事だぞ」といわれたからやって来たのです。そしていまもやっているわけです。

「私は何のために、何をしに生れて来たのだろう」と思うことがよくあります。「私のしたかったことは何だったのだ」と考えて見ることがありますが、実は何にもないのです。誰かにたのまれればやり、おだてられればやったのです。みんなに利用せられたようにも思うが、そうすることで細々と生活もできました。あるいは周囲の人たちの言いなりになっていないと生活がたたなかったのかもわかりません。渋沢先生から「その人を必要としないとき邪魔にならないようにしていることである」と教えられましたから、それをできるだけ忠実にまもろうとしました。それでも差出口をしたり、邪魔をしたりしたことも多かったと思います。

「世間がその人を必要としなくなったら、神はその人の存在をみとめなくなるだろう。その人が生きているということは、かならず存在の理由のあるものだ」と哲学の先生が言って下さったことに照らしあわせて、私がいまもまだ生きているということは、存在理由があるからだろうと思っています。とにかくよく生きて来たものだと思います。それほどいろいろの病気もしました。私のレントゲン写真を見て二人の医師がはなしあっているのをたち聞きして自分でもおどろいたことがあるのです。生きていることが奇蹟に近いことのようです。だからそれだけでもありがたいことです。

何べんも死にかかりつつ誰かに助けてもらいました。誰かが助けてくれたのです。貧しくても路頭に死ななかったのはそのためです。だからそのおかえしはたとえ少しでもいいから、誰かにしておかなければいけないとこれまで思って来ました。

以上のようなことなので仕事をするにも計画的でなく、何をしても大へん下手でまずいのです。多少とも創意と見えるものがあるとすれば、それは私の創意ではなく、私の接した人たちの創意です。実に多くのことを教えられました。私が多少とも気のきいたようなことを言ったりおこなったりしたことがあるとすれば、どこかで誰かに示唆をうけたものなのです。

いまこの文章をかいている間にも私の頭の中には無数の老人や先輩たちの顔がうかんでくるのです。それがみんな私の方を見ているのです。その人たちが私に仕事をさせました。しかも私はその人たちに対してほんとうにむくいてはいません。それが一ばんかなしいことです。

私の一生は伝書鳩のようなものであったのかもわかりません。しかし決していい伝書鳩ではなかった。先人の意志を何十分の一も伝えることができないからです。


（「国語通信」一二五号、筑摩書房、昭和四十五年四月）

周囲を信頼できる社会に

教育というのはわれわれの先祖が生活し積み重ねて来た文化を継承し、さらにわれわれが希求している未来の社会への橋渡しの仕事であると思っている。過去の世界、現実の世界はわかっていても、希求する未来の社会はわれわれの希求する通りにはなかなかやって来ないものである。たとえば昭和二十年の敗戦当時、今日のような日本になるであろうと考えおよんだ人があったであろうか。あるいはまた、万国博のひらかれる前ごろには未来学というのがはやって、世界中が桃色の夢に包まれそうなことがまことしやかに説かれ、人びともそれに耳をかたむけたものであったが、その後突如として起って来た公害問題から桃色の夢はあっけなく消え去り、われわれの周囲は灰色の空気におおわれた。そればかりではない。日本列島改造論という未来論が、日本の現状をかきみだし、物価と地価の体系をこわしてしまった。

そういう中にあって、何を継承し、何を若い人たちに手渡しすればよいのであろうか。今日の状態では、確信をもって後から来る者に手渡しできる文化はこれだと言いきれるものはほとんどない。ただ、長い間百姓たちの間で暮らし、その人びとから多くのものを学んで来て思うことは、人を裏切らないための努力をつづけていくということである。「だまされるともだますな」ということばを実に多くの古老たちから聞いた。また多くの民衆はそれを守っていた。

今日は、そういうことは通用しないような世の中になっている。そしてみな、だまされないために必死になっているようにさえ見える。しかし、自分を中心にした周囲の人びとを先ず裏切らないような世界をつくっていくことから始めるべきではないか。われわれの先祖や先輩たちはそのことに懸命であった。そして、このことだけはこれからも持ちつたえてゆきたいものである。人が人を信じられなくなったときほど不幸なことはない。

（「月刊福祉」五六巻一一号、全国社会福祉協議会、昭和四十八年十一月）

おごらず卑屈にならず　—今、耳学問とは

耳学問というものは、だんだん消えていってます。私が民俗学の旅を始めた昭和十年頃は、七十歳以上の人で字を知っているのはほんの数えるほど、八十歳以上では見当りませんでした。地方へ行けば行くほどそういう状態で、つまり学校教育を受ける機会がなかったということです。だから口か行為でしか意思を伝える方法がなかったことになります。

すると物事を覚えるには、今の散文的なものいいでは駄目で、必ず言葉にリズムと表情を持たなくては

いけない。相手が歌を聞いているような気持にさせなくてはいけない。いわゆる「語り」といわれるものです。それに対して「話し」があり、これは日常の会話の話しで、そのまま消えてしまうものです。

日本の古い文学の多くは「語り」で、語られるものでした。芝居にしても同じで、歌舞伎を見るとよく判りますが、科白《せりふ》の部分を抜き、語りに合わせて踊る所だけを見ても成り立っています。能はそれをさらに高度化したものでしょう。そうしたものが古い形の伝承形式だったのではないでしょうか。この世界で初めて耳学問が成り立ちます。

昔、調査に歩いていて、いい年寄りの話しを聞くと、それがそのまま一つの語りであったのです。ちゃんと筋があり、山場がある。聞くと同時に、感動するほどの立派な語りです。今は伝説、昔は言い伝えといわれてたものは、必ずしも事実ではなく、覚えやすい筋があって、またその話を伝えていくのに必要なサワリがついています。昔は、いろんな事実を伝えるため、ひとつの筋を立てた、形の決まったものにしなくてはならなかったということが判ります。

今はそれがなくなっています。文字が発達してからそうなったのでしょう。文字に記憶させるからです。と同時に、私達自身もひどく散文的になってきています。

「語り」を語ることが少なくなって、ちょうどその語り時代から話し時代の境界に現われたのが、柳田国男先生だろうと思います。先生の文章を読むと不思議な張りがあります。それは「語り」が文章のなかになお生きているのでしょう。先生だけではなく、尾崎紅葉のような小説家にもあり、幸田露伴はそれがもっと強い、ということがいえます。

で、「語り」の形で頭のなかにいくつ収まっているかが、蓄積された知識になるわけです。それと「語り」にならないものを覚えようとすると、諺というものが意味をもってきます。私達が心得ておかなくてはいけないものを、短く、要領を得た言葉、つまり諺にして覚えておくということだったのでしょう。それによってお互いの生活のルールとしたのだといえます。普通、受け取られている教訓ではなく、あくまでもルールだったのです。

「会うた時、笠をとれ」とは当り前のことですが、そう言われれば、誰でも会った時は笠をとって挨拶する。そうしたものなのです。

すべて言葉をとおして記憶するしかなかったわけですが、そうすると「聞き耳をたてる」ことが重要になります。目で見える範囲というのは決まっている。写真などもちろんありません。目で見えないところは聞くしかない。そうして知識を蓄積するしかない。つまりそれが耳学問だといえます。

蓄積したものが多ければ多いほどすぐれた人であるとされたのでしょう。そこで初めて古老が尊ばれるようになります。なるほど古老となると蓄積が多いわけです。

私の体験で、丸二日間、ある老人の話を聞いていて、ほとんど途切れることがなかったことがあります。もう今はそういう人はいないですね。こちらが質問しつつ聞いても、五時間がせいぜいでしょう。よほどの人でそうです。

それだけ記憶力を失なっている。あっても断片的なものになっている。だから何かを語ろうとしても書物を見ないと話せない。ほんとうの意味で、ものを理解するとか、感ずる、記憶するといったことが、昔の人と比べて深いものになっているかどうか、と考えます。逆じゃないだろうか、周囲に雑然としたものがあって、切れ切れに意味もなく頭に入っている。それを一見すると知識が豊富だと思い込んでるだけじゃないでしょうか。

大事なことはやはり「聞く」ということです。それも例えば、私達のように学問をしている人間に共通してしばしば見受けることで、はなはだ不遜な態度の人がいるのはよくありません。お年寄りに対した時の態度とか、少しとちるとそれを笑うとか、方言を使うと口まねするといったことなどです。テレビを見ていても、そうしたことが多いですね。それは文字が行きわたるにつれて広がったんじゃないでしょうか。

一番大きな問題は、散文化してしまったということでしょう。標準語は散文化しないと広がらない、つまり標準語にならない。東北や関西のアクセントを使ったのではいけないので、どこのものでもない、無性格なもので話をするようになった。もう「語り」ではなくなっています。

そして、今の人の言葉は個性を失なっています。ある種の話し方は生まれ、その話し方は覚えますが、内容は覚えられない。学生のアジ演説を聞くと、一つの〝型〟だと思います。型だけは判るけれど、表現しようとするいろいろな意味と必ずしも重なっていないため、内容を覚えていない。本来は内容と語る形とが一つになっているから記憶できるんでしょ。別々では駄目ですよね。

最近の私達の仕事のなかで、ライフ・ヒストリーを聞こうということで、年をとった人から、どんなふうに生きてきたか聞きとることを始めています。いろいろ教えられますよ。現在、六、七十歳の人は、新聞・雑誌は読めるけれど、文章は書けない。日本の文字の教育は、文章を読むためのもので、書くための教え方をしていません。だから文字で自分を表現できる人は少ない。そこで民俗学は文字で表現できない人に話をさせるのです。

これは非常に大事なことで、今できるだけ聞きとめておく必要があります。なぜかというと、書かれたものにはない考え方やものの見方、生活のしかたが出てきますから。それが最も大切なものだったのだと思いますね。

話を聞いてやろうとして聞いたものは意味がありません。二人が心から対等な言葉でものが言える時、本質的なものが生まれるのではないでしょうか。立場や年齢の違いで、どうしても命令調の話が交されますが、そこではほんとうの姿はつかめません。お年寄りに対してばかりでなく、子供でも同じことです。子供の言ってることだと鼻先であしらって、その子の心は判らないですよ。

今の教育は、ほとんどが説明、解説になってしまっているんじゃないですか。典型的な解説書である時刻表は、汽車に乗るのにとても便利ですが、それ以外には使えません。ところが鉄道唱歌の「汽笛一声新橋を……、という歌は心に残ります。つまり現状の教育は時刻表の延長です。

紀行文はあまり読まれないけれど、ガイド・ブックは売れている。もっと極端な例は、冠婚葬祭の本がベストセラーになる。ハウツーの時代ですね。つまりそうしたものでしか、物事を理解できなくなってきている。だけどそれは、人間の豊かな創造性をしだいに断ち切って行くんじゃないかと感じるんです。

（「展望」八二号、東海教育研究所、昭和五十二年六月）

地域社会自主性確立のために

この一五年ほどの間の世の中のかわり方は目を見張るようなはげしいものであった。明治維新から昭和三十五年までのおよそ一〇〇年間のかわり方と、その後の一五年間のかわり方は、一五年間の方が甚だしかったのではなかっただろうかと、地域社会に住む多くの人びとはいう。多くの人たちが家と土地と老人を残して都会へ出ていった。学校教育もまた土ばなれの教育が主になっていった。地域社会いたるところにすばらしくりっぱな小中学校が建設されていったが、それは地域社会を発展させるためのものではなく、地域社会をさびれさせるためのものであった。りっぱな学校を建て、さらにその子弟を高校大学に通わせるために生産利潤の大半を投資する。しかし子どもたちは大学を出ても郷里に貢献することはほとんどなかったのだから地域社会は当然衰退を余儀なくさせられる。優秀な人びとの大半は都市へ集まっていった。

それでは地域社会に残った人びとのための学校を出てから後の教育教養機関の施設はどうであるかというと、多少のことはおこなわれたであろうが、学校教育投資にくらべると、全く微々たるものであった。これは地方自治体の文化関係経費を見るとよくわかる。どの市町村でもそういう経費はアクセサリー程度のものにすぎない。

そうしたことについての反省と是正の運動が当然おこってきてよいのではないかと思う。しかもそれは自主的に進めてゆくべきであろう。政府の補助金を待つのでなく、郷里出身の人びとの寄付を仰ぐことも考えてよいのではないかと思う。自主性をもたないところに真の地域発展はない。さらにまた、地域社会振興のための具体的な知識と技術・情報が必要なのであるが、地域社会に住んでいる者にとってほとんどそれが得られない。そうした知識・技術・情報などの得られるような組織が必要になる。それも官製のものは大して役に立たないことを地方を歩いていて痛感するのである。同志的な結合を中心にして組織を発展させていくことがまず肝要である。そしてそれによって都市民と手をつなぎ得ることも決してむずかしくはないと思っている。

今ほど社会の人びとの目をひらき、成長していくための教養と、その組織を必要とする時代はないのではなかろうか。

（「社会教育」三三巻七号、全日本社会教育連合会、昭和五十三年七月）

本物を生む努力

私は長い間、自分の足もと、自分の周囲の人びとの生活をつぶさに見ることに心がけて来た。世の中のいろいろの情報が新聞やラジオやテレビを通じて得られるようになると、それに刺戟されて人びとの眼はみな外に向い、自分たちの生活をほりさげて見直したり考えたりすることが少なくなった。そして物まねがこれほど流行した時代はこれまでになかった。

物まねをすることは悪いことではない。それによって自分たちの生活を少しずつよくしていったのであるから。しかし物まねがすぎると、それにひきずりまわされることになる。流行というものはそういうものであろう。一つの流行がすぎると、次の流行がおこる。するとそれを追っていく。しかしそういうことの中で自分を見失っていくこともあり得るのではないかと思う。

どんなにニセモノがすぐれていても、本物がないとニセモノは生れて来ない。本物とニセモノは本物には創造性があり、ニセモノには模倣性があるということで、模倣は創造を超えることがない。大切なことは物を創造していくことであり、それは自己の実践を通してのみ得られるものだと思う。どのようにささやかであっても、力弱くとも、やはり自分を大切にし、自分の生活をどのようにうちたてていくかを考えることによって、人それぞれの本当の意味での成長があるのではないかと思う。よりよい生活をうちたてていくために情報は大切なものである。それが視野をひろげ、考え方を深くし、見落したことや考え方のあやまりを訂正してくれる。しかし、自己に忠実に生きている者には、どのような目あたらしい情報に出逢っても自分の生きざまを根本から改めねばならぬことはないようである。本物は本物の中からのみ生れて来るもののようである。そして多くの模倣を普及させるためにも、その芯になる本物が必要なのである。

（「月刊社会教育」№二五六、国土社、昭和五十三年十一月）

青年の反抗の意義

多くの人たちは現状に多少の不満を持ちつつも、安定を欲して慣習的なものによりかかりたがる。波乱をおこすと安定を失うからであるが、それかといって慣習にしたがうことでは問題にならないことが多い。幕末における青年たちの目ざめと抵抗は海外情勢による危機感が、幕藩体制をつきくずす運動の展開にまでなっていったのであるが、そのときの青年たちが壮年になり老年になると、社会階層の分化にともなう不安とその是正のためにたち上がった若者たちには理解を示さないまでの法制化した社会を作っていた。

現代の世相の中にも多くの矛盾があり納得のいかない問題が堆積しつつある。若い人たちがそれに関心を示さないことはない。昭和四十四年、四十五年の安保反対・大学令改正反対の闘争もその一つであろう。若者たちの抵抗運動はそれがすぐ横へひろがりを持っていくことを特色とする。それは幕末以来の共通したものであった。ただ過去における若者の抵抗には、批判的な要素だけでなく自分たちの理想を具現しようとする努力と執拗さがあった。大正から昭和初期へかけての社会主義運動の中にはそれがあった。

しかし、今日の若者の反抗の中には、そうした理想と理想実現のための執拗さがあるのだろうか。大学紛争が大学学制の改革にも容易につながらないばかりでなく、今日の学校教育の持つ多くの矛盾の解決への突破口にもなっていないように思う。

ただ大学教育の現状に甘んずることのできなかった人たちが、日本をのがれて、夢をもとめて世界各地への彷徨をつづけた。その数はおびただしかった。それがもとになって、日本人全体の目がひろく海外に向けられるようになった事実は見のがすことができない。主体性を持つ若者の抵抗の中にこそ、われわれの明日がひそんでいるのではなかろうか。

（「青年心理」一六号、金子書房、昭和五十四年九月）

生育の思想

生育が文化を産む　文化と言うのは、物を育てようとするところから発達し始めたのではないか、ということを『哺育器の中の大人』（岸田秀・伊丹十三著、朝日出版社、昭和五十三年）という書物を読んだとき気付いた。

人間以外のあらゆる動物が子を産み落とすと、生まれて二四時間もたつと自分の意志で行動するようになる。従って親が子のために教育し訓練しなければならない期間は、極めてわずかであるが、人間の場合は大変違っている。人間の子は、生まれたばかりの場合は、自分の意志で行動することはほとんどできない。やっと自由に歩き回れるようになるまでにも一年以上を費やし、意味の通じる言葉を用いることができるようになるにはさらに一年を要し、自分の力で生活できるようになるには一〇年を要する。親はその間、絶えず子供から目を放さず、子供を守ってゆかねばならぬ。それを怠れば子供は直ちに死んでしまう。人間が家庭を形成するようになったのも、長い哺育期間があったからではなかろうか。

自らはどうすることもできない嬰児《えいじ》にまず食べることを教え、這い立つことを教え、言葉を教え、次には自ら食べることを教える。脱ふん放尿すら、飛びつつ、あるいは歩きつつ行うのではなく、一定の場所で行うようにする。このようにして初めて自立してゆくことができる。これをシツケと言った。そして日本人は躾《しつけ》という字をつくり出したが、すべての人類が同じようなことを身につけていった。つまり、ひ弱な生きものを自分で生きてゆけるようにしていったのが子の親であって、親は子を育てるために人生の半ばを費やさなければならなかった。

神はどうして人間に対してのみこうした嬰児を与え、その生育に長い時間をかけるようにしたのであろうか。その生育の工夫の中に、やがて植物の生育の仕方をも見つけていったのではなかろうか。根を食べるものは根を、葉を食べるものは葉を、茎を食べるものの茎を、実を食べるものは実を、それぞれ肥大充実する方法を見つけ、また毒を取り去って食べることのできるようにしてこれを育てた。そして、作物の苗を田畑に植えつけることをもシツケと呼び、この方法は仕付と書いているが、これは他の植物と違って、特別の圃場《ほじょう》で、他の植物とは違った育ち方を願っての行為であった。

シツケは、動物や植物に人間の期待する成育のあり方を、そのもの自体に植えつけていくばかりでなく、時には着物のようなものにも、きちんとした折り目をつけるためにシツケ糸で縫ったものである。これはその着物を着るときには解いた。ちょうど子が一人前になったとき、親は子を自由にさせたように。

子に対する親の配慮が、よりこまやかにゆき届くようになっていくとき、その社会は充実し成長していったのであり、そのことの遅れている社会をわれわれは未開社会と言っている。


機械による世界は　このようにして、人間の社会は子育ての行為を中心にし、これを周囲に拡大して成立してゆき、この作業を今われわれは文化と言っているのではなかろうか。

しかし、育てる世界から今は、造る世界へ大きく展開しつつある。機械によって生産されたものは、すべて造られたものである。造られたものには、腐朽はあっても成長はない。造りあげられたときがもっとも完成された姿であって、それ以後は次第に人間の意志にそわないものになっていく。人間の意志にそわなければそれを壊し処分しなければならない。人間の死の始末はいたって簡単で、火葬か土葬にすればよかった。作物の成熟も同じことで、人間が利用するようにすればそれで事足りたので、余分のものは土に返して肥料にしたり、時に燃料にしたりして、すべての始末ができたのである。それが育つものの姿であった。そして、それが害毒を流すことがほとんどなかった。

しかし、造られたものの廃棄は容易ではない。核燃料の処分には皆頭を抱えているが、それだけではない。工場廃棄物がやがて人間をすら廃棄させていくようになるのではないか、と思われるような水俣病やイタイイタイ病をまき起こした。そして、そのような不安は、これから絶えずわれわれにつきまとっていくことになろう。

それればかりではない。いま都市を形成している巨大なビル群が五十年先、百年先に不便な建物になり老朽したとき、人間はこれをどのように処分するのであろうか。それが生産を圧迫し、生活を圧迫しつつある例は、すでに先進国に見られつつある。

人間が生きるということは、いったい何であったのか。人間の主体性とはどういうものなのか。文化の発展して来た道を考えてみるとき、人間が人間として逸脱を始めつつあるのではないかと思う。

生育の思想と実践を　今日、文明の所産といわれるものの中には、禁断の木の実が無数に隠されているように思う。もう一度人間が人間としての世界を作りあげた過去を反省して、新しい視点を見つけることが、何よりも大切な時期に来ているのではないかと思う。

人は子を育てることには熱中している。しかし、自分を中心とした周囲を育てることには大きな手抜かりが始まっている。われわれは、これを自然破壊と言っているが、それは目の前に見える現象だけでなく、人間の心の中にも人間の自然破壊的な思考が拡大しつつあるのではないかと思う。

文化と文明の相克。人間は今生きることについての大きな課題の解決を迫られつつあるのではないかと思う。と同時に、生育の思想と実践が国民全体の問題として取りあげられなければならぬ段階に来ているのではないかと思う。

（「日本農業新聞」昭和五十五年九月十六日）

海・島・瀬戸内

島人の仕合せを

昭和二十八年に大病をしてからそれ以前のようにあるけなくなった。それまでは実によく歩いた。一年の半ばは旅にいた。その間その七〜八割までは民家のお世話になった。みんな親切であった。宿をことわられた思い出は二〇とはないであろう。そしてしかもそれらの家で、嫁と姑の間の冷たい家はいちども見たことがない。嫁姑のあらそう家もないではないであろうが、そういう家はたのんでもとめてくれなかったかも知れない。とにかく一人一人の人は善良で誠実であった。

鹿児島の南の屋久島では村一番の頑固爺さんというのにあったがこれほど正直でウソのない人にあったことはなかった。頑固ということは正直ということと同義だと思った。自分に納得できないことは絶対に肯定しないのである。

しかもこれらの人たちは実によく働きながら貧乏である。対馬で月がよいからと言って、海のほとりで一晩中麻糸をつむいでいる老婆にあったことがある。この老婆には超過勤務も過重労働も観念としてはなくて、美しい月夜に糸をつむぐことのたのしさだけがあった。民話はこうした世界でないと育たない。

奄美大島の宇検《うけん》というところで青年たちが話をしてくれというので、してあげると、お礼にと言って八月踊をおどってくれたことがある。月の美しい夜であった。榕樹（ガジュマル）の木の下で輪になって、それこそ歌いほうけ踊りほうけたのである。ところが踊りがはててから、子どもが一人いないといって村中大さわぎになった。どこをさがしても見あたらぬ。気がついて見ると小舟が一そういなくなっていた。さては沖へ出たのであろうと、みんなで海へ出てみると、はたして岬のさきのところで舟を流しつつ月を見ていた。十歳の子どもである。月がとても良かったので出たのだといった。自然にいためつけられながらも、またその美しさにあまえたいのが僻地に住む人々の姿であり、またそのために不便をもしのんで国のはしばしに生きつつ、さびしさにも堪えて今日にいたったのである。

私の旅の多くも人の情けにあまえ、自然にあまえたものであった。だがしかしいつもそれだけではすまされないものを感じた。島の人々の生活がいつまでもみじめであっていいはずはない。昭和二十六年頃までの対馬の村の中には麦のあるときは麦飯だけで副食物はなく、塩をなめる程度、イカがとれるとイカばかり食べて他のものはたべないような生活があった。なまけていてそうなったのではない。朝暗いうちにおき、夕方暗くなるまで働いても、そんな生活しかできなかった。金になる働きのない上に、生活必需品は金でかわねばならなかった。美しい心根だけでは人は生きられない。しかも限られた世界に生き、限られた知識だけの中からは自らの生活をあらたにする力を生むことはむずかしい。やはり、眼の見える者がみんなで真剣に考えあうことが、こうした人々の生活をたかめる契機になるのではないかと考える。

（「婦人之友」五五巻八号、婦人之友社、昭和三十六年八月）

瀬戸内海学会の提唱

中国新聞社編の『瀬戸内海』（上・下、昭和三十四年）は瀬戸内海が現在もっているもろもろの問題の所在を明らかにした点だけとって見ても、今後内海を研究し調査しようとする者にとって実に大きな指標になる。と同時にこの書に示されているような問題解決のための一つの方途として、何としても総合的な研究機関をもちたいものである。

むろんそういう機関が存在しないわけではなく、岡山大学の瀬戸内海総合研究会をはじめ、広島大学、香川大学、愛媛大学にもそれぞれの研究機関が、瀬戸内海の研究に力をそそいでおり、その地域的な総合調査がすすめられている。最近の目ぼしい調査研究について見ても、瀬戸内海総合研究会の児島市下津井を調査、これをまとめた「漁村の生活」など実に立派な調査報告書であり、漁村がどのような社会経済構造の上に成り立っているかを示してくれた。また昭和三十年四月、東京大学を中心にした周防大島の移民に関する総合調査のごときも、島民を百人以上動員して全島にわたって精密に調査したことで、内海としては画期的なものであったが、その結果はまだ発表せられていない。周防大島はその後山口大学農学部が年々調査をおこない、その成果は相ついで発表されている。

さらに昭和三十三年、東京教育大学の和歌森太郎教授を中心とする大分県国東半島地域の民俗学的調査は、本年『くにさき』と題してりっぱな業績を世にとうた。昨年はまた愛媛大学による大三島の総合調査もおこなわれており、学術機関の内海研究はしだいに活発になりつつあるが、個人的な研究にも見るべきものがある。内海の過去のもっとも重要な産業であった塩業の研究については、最近とくに目ざましい成果があり、河手竜海氏の『日本塩業史』をはじめ、香川大学の児玉洋一教授、広島大学の渡辺則文氏、山口大学の松岡利夫氏らそれぞれ、ぼう大な資料ととりくんで、これを学問的に秩序だて、製塩の経済的な機構をあきらかにしようとしており、また岡山大学の近藤義郎氏の喜兵島の製塩遺跡の考古学的調査も内海製塩の歴史を解明するうえに大きな効果をあげている。

同様に考古学的に内海の資源文化をさぐろうとする倉敷考古館の鎌木義昌氏、別府大学の賀川光夫氏らの功績は高く評価されてよい。賀川氏らを中心とする国東半島の早水台《そうずだい》遺跡は縄文早期のものとして注目されていたが、そのさらに下層から土器をともなわない細石器の出土が見られ、縄文期以前からそこに人が居住し、さらに縄文期におよんでいることを示し大きい問題を投げかけている。

この半島から山国川にいたる一帯の古文化に目をつけ、これを考古学的、歴史学的に研究を進め、魏志にいう耶馬台国はここであろうと推定した大分大学の富来隆氏の業績も今後検討せらるべき学説と思う。

また内海島嶼の近世社会研究に地道な研究をすすめている広島大学の後藤陽一教授、小早川氏研究の河合正治氏、中世および近世内海水軍研究の防府市在住御薗生翁甫氏、漁業問題研究の岡山大学河野通博氏、島嶼農業とくに果樹栽培の地理学的研究をすすめている愛媛大学の村上節太郎氏、さらに内海方言研究に画期的な成果をあげた広島大学の藤原与一氏らを内海研究の先導者とし、多くの研究者の活動を見ている。

こうして最近内海研究は著しく進んで来つつあるが、これら研究のすすむにつれて、その研究の総合的な検討もすでになされるべき時期にいたっているのでないかと思われる。

ということは瀬戸内海の持つ問題は複雑多岐であり、とくに人間生存にあたってその権益も異常なまでにからみあっており、多くの場合一方の幸福が他の不幸をもたらす結果になる場合が少なくない。沿岸における工業の発達が沿岸住民にもたらした利益は大きかったが、沖の島の人々は逆にそれによって漁場を失う結果にもなっている。同様に沿岸でも埋め立てによる漁場の喪失は大きかった。沿岸民の利益は同時に島嶼民の利益にもなるような方法はないものか。一方また、さつまいもの栽培が盛んになってそれが島の人口をささえる力になると、こんどは山の天辺《てっぺん》まで畑にひらいて、ひどい土砂流失を見るにいたり、小さい島の中にすら洪水がしばしば見られるようにさえなった。漁場なども一つの海を立体的に利用し、海面近くは一本釣り、流し網、底は延べナワ、タコツボ、底引き網などに利用せられ、それぞれの業者の権利が錯綜してよく争いの種になっている。

これらの状況は、このままで決してよいものではないはずである。しかも内海沿岸の産業は工業を除いてはその予測さえゆるさない。たとえば漁業のごときも、今後なお見込みのあるものであるかどうか。年々の不漁の原因はどこにあるのか、どうすれば一定の魚族の維持ができるのか。それらの見通しすら十分たってはいない。長い歴史を持った塩業すら、多くの資本を投じて流下式にきりかえて、より能率的になったと思った間もなく、外塩の輸入と専売局の保護政策縮小から、まったく突然といってよいほどに壊滅状態になった。

島民は古く綿栽培についても同様な苦汁をなめている。今日のカンキツ栽培すらはたしてこのままでよいのかという疑念をもっている。そして自分たちの仕事に不安を持つとき、あざやかにきりかえる。そしてそういうことによって多くの場合、島々は危機をきりぬけている。

沿岸においてすら、その海岸地形の変容同様に生産のうえに大きな変化があった。そして原始産業が工業にきりかえられていったのであるが、それが地元民と密接に結びついているものの少ないのは下請け工場の未発達をみてもわかる。

こうした不安定性のつよい地域をどうすれば安定度の高い産業地区にきりかえることができるのであろうか。

それらのことについては、やはり総合的な研究調査機関が必要になって来るのではなかろうか。今直ちに固定した研究機関を持つことが困難であるにしても、まず一年に一回くらい、集まって研究成果の発表のもてるような瀬戸内海学会とでもいうべきものを持ちたい。瀬戸内海を研究している人々、瀬戸内海問題に興味を持つ人々などの参加を待って、会員組織にし、相互連絡機関として簡単な連絡誌くらいは出したいものである。と同時に年何冊か調査報告書も出し、研究論文集の刊行もしたい。

会員はそれぞれ研究の分野に応じて部会を持ち、部会だけの集会もなされていいのではないか。

ここまでのことならば今日われわれのやっている学会と大差ないのであるが、地元の人たちの求めに応じていろいろの相談にも応じ、調査もおこない、実地指導もできるような組織にまでしたいと考える。それは場合によってはあえて学会内部のものが、これをおこなわずとも、それぞれ専門機関へ連絡をとってあげてもいい。

沿岸住民、島民たちは自分たちの村の方向づけにたえずなやみ、疑問を持っている。今日まで島や浦に生産や文化の上に若干の見るべき進歩的なものがあるとすれば、それはその地の先覚者の性格を反映したものが多く、一つ一つがばらばらで、共通した指導性などみとめられない。そういうものに同一指向性というようなものは与えられないのであろうか。

日本におけるもろもろの人文科学は、多くの場合陸を対象としている。政治的な区域も陸ならば、それぞれブロックをなして区画せられているが、海を対象とする研究はおくれ、海はいつも陸の従属的な存在として取り扱われている。しかし瀬戸内海のような海はこれを一つの地域として、有機的な関係で見ていかない限り、問題を解決し、これを発展させる方向を見出すことはむずかしい。この海をこまぎれに分け、そのうえで処置しようとしているところに内海住民の不幸がある。その不幸をとりのぞくきっかけをつくるだけでも大きな意味がある。それにはまず学問や学府の割拠主義からぬけ出た広域の学会連絡機関をつくることから始められなければならぬ。

（「中国新聞」昭和三十六年七月四日）

悲しい国日本

日本という国はかなしい国で災害がおこらないと政府が本気で救済の手をさしのべてくれない。矛盾がつもりつもってやがて大きな不幸がおころうとしても、おこるまでは知らぬ顔をしているのである、根本対策をたてるためにはいつの場合にも犠牲の見本が必要なのである。しかしそういう矛盾や犠牲のおこるまえにもっと前向きの対策がたてられないものかと思う。

瀬戸内海の場合もおなじことで、サカナがいなくなって漁民がひぼしになりはじめて対策が考えられるようになった。私の見て歩いた島の中には一戸平均の粗収入が十万円そこそこというのがある。なまけていてそうなったのではない。サカナが来なくなったのである。そのすぐそばにはまた百万円の農家がざらにある島がある。

一部のものがよいことをして、その周囲に困ったものができる。今日まで主と従、使用者と被雇用者の間の搾取が問題にされてきたが、沿岸に大きな工場ができて、その汚水やらバイ煙やらで被害をこうむるというような場合は適切な補償もおこなわれない。

てんでばらばらに思い思いのことをするために、かもし出される不幸は瀬戸内海のように地形や政治区画や利害関係の複雑な地域では、思わぬところで、思いもそめぬ形でかもし出されていると思う。

そういう不幸がどこから来るものか、またどうすればみんなが一様に前進し、しあわせになれるかということを政府が本気になって考えてくれなくとも、その地域に住む人びとの知恵によって考え、しらべ、計画をたてていくことはできないものであろうか。

本紙（中国新聞）の「瀬戸内海研究のあけぼの」に登場された方々はみんなすぐれた学問的業績をもち、それぞれ皆学界の第一線で活動していられるが、それではこの方々は皆これまでにお知りあいであっただろうか。私など紙面を通じてこういう方がおられたのか、いちどお目にかかってお話をうけたまわりたいものだと思う方が少なからずある。

さてまた、こうした方々が一堂に会して話しあったとしたら、どういう事になるだろうかと思ってみる。これほどの方々がいて、それぞれの分野で活動しつつ、みんなで話しあって、その中から全体としての問題を展開させる機会は今日までなかった。そういう意味からすれば、一つ一つの学問はすすんでいるとしても、全体としての総合がなされていないということによって「あけぼの」ということばがふさわしくなるのではなかろうか。

いま沿岸には多くの塩田跡があそんでいる。そこには工場誘致のすすんでいるところもあるが、将来の見通しのたたぬものが多い。政府は、その見通しのたたないままに廃止させ、おまえらで勝手に考えろということになった。ずいぶんむちゃな話である。その塩田跡を利用して養魚養殖をおこなおうということになり、やっと見通しも明るくなりはじめた。そうした方向づけをするために努力した藤永元作博士の功績は高く評価せられなければならぬ。博士によると、エビを飼うにはエサが大切であり、そのエサを育てるにはエサのエサが必要になる。このように養魚養殖は、エサのエサから準備してかからねばならず、そこに必然的に栽培的漁業組織がつくられなければならなくなる。新しいアイディアと、新しい組織のみが、この窮状を解決してくれる。

一方また沿岸発展のために島の厚生的利用度がいちじるしく高まるとともに、遠からずして内海にも東京におけるタクシーの洪水のように、小型客船の洪水の見られる日が来るだろう。仮にまた厚生利用するとしても、そのもっとも適切な利用のしかたはどうであるか、というような調査もすすめないと、知らぬ間に観光会社の好餌になって、地元民は骨までしゃぶられ、おっぽり出されるというようなこともおこりかねない。そういう前例は多いのだから。

とにかく手おくれにならないために、みんなで総合的に考え、しらべ、発表しあう機関を持つことは瀬戸内海の場合にはとくに大切で、時勢のあとから学問や政治がついていかなければならないような体制は、もうこのあたりで打ちきりたいものである。仮にそういう機関が急につくれないにしても、まず瀬戸内海についてそれぞれの立ち場から一家言をのべていただく紙上のスペースをつくるとか、または紙上相談のような形で多くの疑問に答えていただいたり、将来への示唆を与えていただけないものであろうか。

そのささやかな試みの中からでも、大きな問題の展開の予想されるのが瀬戸内海である。

（「中国新聞」昭和三十七年四月十七日）

瀬戸内の開発によせて

過ぎ去った日の瀬戸内海は、この沿岸に住む者にとっては限りなきなつかしさとあたたかさを持った世界であった。周囲を陸にかこまれた内海に無数の島が抱きあうようにして浮かんでいる。お互いが隣同士で暮らしている感じであった。だから沖ゆく船はすれ違うときかならず声をかけあったもので、お互いの国名を名のりあったという。

内海の島の人たちは貧しかったが、貧しくてもそれを苦にしなかった。食うに困ることはなかった。島のてっぺんまでひらいて畑をつくり、また船を家にして海上を漂泊しつつも生活をたてることができた。「どこへいっても食うものとお日さまはつきものだ」と内海の人たちは考えていたのである。そして内海の人たちは一種の共同体意識を持っていた。

しかし、そこに住む住民意識とは別に内海は戦後大きな変容をはじめた。この静かな海のほとりに無数の工場が群生しはじめたのである。戦前は播磨灘沿岸、呉付近、岩国、徳山付近、宇部付近、新居浜付近にすぎなかったが、今はいたるところに工場の煙突の林立を見るにいたった。船を利用しての荷役には便利であり、海は静かであった。そのうえ、そこには安い土地と安い労力があった。近代化はある意味で必然的のことであったと言っていいのであるが、この近代化の中には社会連帯意識はきわめて弱かった。

かってこの海は漁民のためのものであった日が長かったが、海水の汚染につれて魚は減っていった。それが貧しさをみじめなものにしていった。さらに、自分たちの海と思っていたところによそ者の大きな船が無数にはいりこんできて、かえって漁船を邪魔者あつかいにするようになった。漁民だけでなく農民も同様であった。山のてっぺんまでひらいたのも、その丘の上で沖を見はらしながら働くことに一つの喜びをおほえたからであったが、若い者たちが工場へゆき、老人だけがのこるようになると仕事の張りあいがなくなったばかりでなく、海も空もよごれて丘の上にいてもむなしさとあわただしさが身につまされるようになったのである。

ふるさとのよさは自分たちが精いっぱい働き、その働いたあとを子や孫がうけついでさらに発展させてくれるという安心感の中に存在するものであったが、それが根底からつきくずされはじめたのである。

私など、この海はもっと詩情ゆたかなところにしておきたいと思った。工場をたてるのは播磨灘沿岸か、周防灘沿岸のように島も少なく、海も広いところだけにとどめておいて、むしろその余のところは島国日本人の心のふるさとであり、いこいの場所であらしめたいと思った。かって内海沿岸の人たちの持ったやすらぎが、そのまま国全体の民衆のものとしてここに来ればそれが得られるというような世界にしておきたかった。

風景はいちどこわすともうもとのものには容易に戻ってこない。同様に人の心もまたもとには戻らない。かって島々を天国のように思っていた人たちが、島を捨てはじめたのはそこが住みづらくなったからにほかならぬ。

では島を美しからしめ、住みやすからしめる方法はないものかどうか。かってははげて白茶けていた島々が、いま青くなりはじめているのはミカンを植えたからであった。毒ガスの島として恐れられた大久野島も、利用のしようによれば国民休暇村になる。フィッシングにヨッティングに、またいろいろの文化施設もなされていい。やたらに工場をたてるだけが決して近代化ではないと思っている。もっと秩序と計画性があり、自然の美と人間の尊厳をそこなわない開発こそ内海に課せられたもっとも重要な課題であると思っている。

それには内海は住む人たちがその開発にすべて参加できるような計画と方法が必要になる。力ある者が力なき者を邪魔者あつかいにし、追いたてるような対策だけはさけてもらいたい。人が人を信ぜず、未来を信じなくなったときほどみじめなことはない。しかし内海の島々に住む人の大半はある絶望感にさいなまれているのである。物質的にゆたかになることだけが決して幸福ではない。

瀬戸内海の開発はその自然の美と人の和を生かしつつ、そこを理想の世界とすることに目標がおかれなければならない。そのときはじめてそこがほんとうの心のふるさとになる。人間無視の開発であってはならない。

（「中国新聞」昭和四十年八月十日）

文化を配る先兵の尊さ

私は瀬戸内海の中の島で生れ、家のすぐ裏は海で、波が石垣にあたると、しぶきが家をこえて前の道にふりそそぎました。

私の一家の者は早くから海の彼方へ出ていった人が多かったので海の向うの世界がそれほど遠いところに思えません。

日本人も、もっともっと海を知り海の彼方で活動すべきだと思っています。日本という国の文化はすべて海を越えてやってきて、この国土の中で成長したものです。その文化を、海を越えて、開発途上の国々に配達することが「戦」をやめた国の新しい任務です。

その先兵であるみなさんの労苦を尊いものに思うとともに、一人でも多くの仲間のふえるように、『海をひらいた人びと』（筑摩書房）、『南の島を開拓した人びと』（さえら書房）などの著書を通じて呼びかけています。

（「海上の友」日本海事広報協会、昭和四十二年七月）

瀬戸内海を考える

よく瀬戸内海時代が来たという。この瀬戸内海時代は、瀬戸内海工業化を意味する。それは経済的利用価値の大きさに気づいたことなのだが、それだけに眼がくれていると大事なものを失ってしまいはしないかと思う。工業は本来生活向上の一手段でしかない。目的ではない。生きる目的は充実した快適な生活である。その生計は素朴で健康で、しかも心にうるおいのある生活である。瀬戸内海はこういう生活の場に適しているのではないかと思う。

これからさき工業生産地帯と快適生活地帯とは分離していくようになると思う。かって農民は家の中に仕事場をもち牛も飼った。それを一つ一つ屋外の建物にし、住居は住居として快適なものにしていった。同様に都会でも店と住居を分離していった。やがて地域的にその分離はおこってくると思う。そのときになって瀬戸内海が、工業地域と厚生住居地域の区別すらなくなっているようでは、全くの処置なしである。しかもそういう事実は知らぬ間にやってくる。

東京ではこの二、三年スギのほとんどが枯れた。自動車の出す亜硫酸ガスに弱いからである。この次はマツが枯れるだろう。同じように瀬戸内海からマツが消えてしまうような日が来たらどうであろう。悪くすると人間が人間をほろぼすことだってあるのである。

私は「瀬戸内海」の台本を見せてもらっていて、そういうことについて考える。この番組もはじめのうちは、単なる内海の風物の紹介というようなものが多かった。しかし最近になると、制作者のみなさんのあいだに、今後の瀬戸内海をどうすればよいかというような態度が次第につよくあらわれはじめている。人間それぞれの立場がある。そしてその立場でものを言っているのであるが、こういう番組が一つの足場として、総合的な立場に立ってものを考えたり、ものをいったりする場合に役立ちたいものである。

（「放送RCC」七一号、中国放送、昭和四十二年十月）

〔註「瀬戸内海」は中国放送が開業一五周年を記念して製作したテレビの特別番組〕

海と日本人

海に弱いニホン人　島わたりの船に乗っていつも見る情景だが、人びとは船の中ですぐ横になり、外を見ようとするものは少ない。船室にはたいてい吐くときの用意に、金ダライがそなえてある。一口にいって日本人は海に弱く海をおそれている。二六〇年にもわたる鎖国が、そうさせたのである。幕府は、人が海にでることを、強く制限した。それは、きびしすぎたといっていい。

それまでの日本人は、海に対しては、かなり自由闊達なふるまいをしていたのではなかったかと思う。しかも丸木船ていどの小舟でどこまでもでていったようである。それで思いだすのは沖縄の糸満の漁民たちである。戦後は内地へもこなくなっているが、戦前は九州から、日本海岸は隠波あたりまで、太平洋岸は伊豆半島から宮城県金華山付近まで漁業にきていた。サバニとよばれる小さな丸木船にのってきていたのである。

彼らはパッカイとよぶ追込網を持っていて、それを海中に張り、多くの人が海中にとびこんで、魚を網の中へと追いこみ、網をひきあげる。ずいぶんよい漁獲をあげていたので、内地のものもこれにならって、それぞれの土地にあう改良を行ない、糸満漁民のきた漁村には、今もおこなわれているところが多い。糸満漁民たちは、内地の沿岸に出漁したばかりでなく、東南アジアからインド洋を横切って、アフリカのザンジバルにまで進出し、太平洋はハワイに出漁していたといわれる。海のあるところ、どこまでもでかけていったのである。もともと漁民の多くは、そのような勇気をもっていた。

大阪府に佐野という町がある。いまは工業都市として発展しているが、ここの漁民も早くから四方に活躍していた。長崎県五島の領主であった五島氏の家譜を見ていると、十五世紀頃、島に内乱のおこったとき、領主が佐野の釣船に助けられたという記事がある。その頃、佐野漁民は五島あたりまで進出していたことがわかるが、倭寇といって朝鮮半島やシナ沿岸をあらした日本人の中には、こうした漁民の群がいたのではないかと思われる。

佐野漁民は、朝鮮海峡へも進出していた。

「佐野漁民」の活躍　対馬の北端に近いところに、泉というところがある。ここの漁民は、佐野のあたりからきていた者で、和泉の国からきて住みついたから、村の名を泉としたのだという。そして、苗字も辻とか木寺とか、和泉地方に多い苗字をこの地で見かけるのである。そして豊臣秀吉の朝鮮出兵のときには、兵士のために魚を供給する役目をひきうけ、そのことによって秀吉から対馬二浦の地曳網の権利を得たのである。

だから江戸時代になっても、佐野の人びとは対馬へきて地曳網をひき、その網が昭和二十五年頃まで、まだ、のこっている浦があった。佐野の漁船は対馬へいくときは、いろいろな商品を積んでいった。その品物を買いうけて島へ売るための問屋が、厳原《いずはら》という町にあり、佐野屋といった。いまもその家はある。佐野の漁船は瓦のようなものも積んできた。対馬の瓦屋根は、はじめは、佐野瓦をふいたものである。

佐野漁民は江戸時代の初めから房総地方にも進出し、イワシ地曳網をひいたのである。しかし、関東への進出は、佐野の南の嘉祥《かしょうじ》寺の方が盛んになってくる。そして佐野の北の貝塚の漁民も、関東へ進出する。とにかく小さな船にのって、どこまでもでかけていった勇気は大したものである。

インドへいく夢　昭和二十四年頃であったか、私は大阪府の波有手《ぼうて》という漁村で、九十歳ほどの老漁夫にあったことがある。その漁夫の話に、明治八年に古い漁業制度が廃止させられて、漁民はどこへいって漁をしてもよいということになったので、それでは対馬へいってやろうと、小さい漁船にのって対馬まででかけた。対馬の西海岸へでると、海の向うに朝鮮が見える。そこで朝鮮へいってやろうと思って、海をわたったが、魚がよくとれるものだから、それをとって穀物とかえながらだんだん北へ進んで、二年がかりでシナの北京に近い太沽《ターク―》〔中国河北省海河の河口右岸にある港。塘沽と相対している。天津の外港〕というところまでいった。

そのころ日本人はほとんどいなかったけれども、太沽ではじめて日本人にあって、どこまできたかを知ったという。そこから引きかえしてきたのだそうだが、だんだん海をたどっていくうちに、インドまでいってみたいと思うようになったという。しかし、インドへいくには船も小さすぎるし、やっぱりでなおしてこなければならないと思ってかえってきた。だが、それから、とうとうインドへいく機会がなかったとはなしていた。

また、昭和三十九年に北海道利尻島であった、八十歳ほどの老人は、九歳のとき親につれられて、島取から漁船でこの島へかせぎにきて、そのままおちついてしまい、いちども郷里へかえったことはないとはなしていた。

私は、そういう話をきいていると、海に生きる人たちのくったくのない考え方と行動に、つよく心をうたれるのである。

鎖国が悪影響して　とにかく、海に生きつづけてきた人たちには、海をおそれぬ勇気と海の彼方へいってみようとするつよい欲望があったが、江戸時代には海外への渡航が禁じられ、漂流して外国へ漂着したものが、おくりかえされてくると、生涯、看視つきで自由に行動することはできなかったから、進んで国外へいこうとする者はなかった。そして内陸に住む者が、海へ進出することなど、考えてもみられなくなった。

明治になって海外への渡航が自由になっても、海への関心はそれほど高くなったとはいえない。海への関心は、自分で船を持ち、その船で自由にどこへでも行ってみることができるときにつよまるものである。漁民が小さな船で遠くへまででかけていったのは、船を自由に操作して、自分の目的とするところへでかけることができたからである。と同時に、海へ進出するためには、海そのものに慣れなければならないが、日本では船員になるか漁民になるかしないかぎり、海に慣れる機会がきわめてとぼしい。

海に生きることに勇敢になるためには、どうしても海に慣れる機会をつくらなければならない。しかも、小船を自分の意志で動かしてみる機会をもつことである。そういう機会や設備が、どしどしなされていいのではないかと思う。

瀬戸内海や九州西岸は、そういう条件にもめぐまれているし、また朝鮮や中国へ密航というようなことでなく、自由に渡航できるようになるとすれば、日本人の海への関心は、ずっとつよくなってくるのではないかと思う。そのことは、さきにあげたいろいろの話でもわかってもらえるのではないかと思う。

そして、海にしたしみ海になれてくれれば、日本人はもっともっとその海の彼方への関心をつよくするばかりでなく、海そのものについて考えてみるようになるのではなかろうか。

（「海上の友」日本海事広報協会、昭和四十四年二月）

フェリーと島々

目ざましい島の道路発達　最近、フェリーボートから自動車が海中へ転落沈没する事故が二度もおこって、あらためてフェリーボートについて考えて見なければならない問題を投げかけた。フェリーボートは早く瀬戸内海の尾道付近に見られたが、それはごく小さいもので、一隻にトラックまたは乗用車が一、二台程度のせられるにすぎなかった。それがこの一〇年くらいまえから大型化して、一時に何十台、あるいは百台をこえる自動車をのせ、また客ものせる貨客船が急にふえ、航路数もふえた。その航路は瀬戸内海に集中し、本土と四国を結ぶもの一二、本土または四国と島を結ぶもの二一ある。

フェリーボートの発達をうながしたのは自動車の増加と道路の整備の両者が並行しておこなわれたためであった。瀬戸内海で本土と島を結ぶフェリーが特に多いのは島の道路の整備せられたことを物語るものであり、ここ十年間における島の道路の発達は目ざましいものがある。

フェリーが咲かせたミカン　それまで島の道はきわめてわるかった。島では満足な産業もなく、イモやムギばかりつくっていたが、陸路の発達のすすまないために、そのイモですら、つくってもデンプン工場が発達しなかった。ミカンをつくっても、島内に道が整備されていないために、共同出荷が不可能で、一戸一戸の農家が船にミカンを積んで広島や尾道へ売りにいったものである。高く売るには、どうしても共同出荷する必要があり、共同出荷するには島内のミカンを一ヵ所にあつめるようにすべきである。それには島一周の車道を完成する必要があった。瀬戸内海で離島振興法の適用をうけた島々では、そのためまず車道の整備をいそいだ。島の中で生産するミカンを一ヵ所にあつめるような体制をととのえ、選果箱詰めしたものをトラックに積み、そのトラックをフェリーボートではこべば、需要地へそのまま持ってゆくことができる。このようにしてミカン栽培の発達とともに車道も発達し、同時にミカンも高値に売れた。いま全島に咲いているミカンの花は、いうなればフェリーが咲かせたようなものなのである。

観光施設いらぬマイカー族

ところが、最近はそのフェリーが観光にも大きな役割をはたすにいたった。自動車で来る観光客をも運ぶようになったからである。淡路島、小豆島、因島、大三島、大崎上島、大崎下島、江田島などはフェリーを利用してマイカー族の渡島がぐんぐんふえはじめている。元来内海の島は淡路島、小豆島、生口島、大三島、宮島などを除いては観光には適さなかった。島に人家が多すぎて船をつけるところには家が密集していた。その上、島の地価は高く、旅館、ホテルをつくったり、観光施設をつくるには高くつきすぎた。しかしマイカー族たちには旅館もホテルも大して必要ではなかった。車でやって来て人のいない岬の岩の上でつりをたのしんだり、白浜のあるところでは海水浴をたのしみ、時には野外炊事などもして、夜にはいればまた車でかえっていく。私たちは島をあるいて見ると、海のほとりの道ばたに車か乗りすてられてあるのをよく見かける。車のナンバーを見るとかなり遠くから来ているものが多い。

自動車で来るということはこの人たちにとって、実に自由で束縛がなかった。魚をつるにも人のいないところでつるのだから、地元の人に許可をもとめることもない。海水浴をするにも人のいない浜を見つけて、そこでおこなうのだから何の遠慮もいらぬ。その上自動車に乗っているかぎり、たとえ海水着のままでもとがめないのが島の巡査の好意である。フェリーボートを利用し自動車で島をおとずれるものには、島はまったく自由である。島に人家は多くてもみな密集しているのだから、そこはスピードを出してくぐりぬけ、人家のないところへ来るとのびのびする。

まゆをひそめる島民が多い　フェリーボートの発達がマイカー族たちの目を内海の島々へ向けさせたことは大きい。マイカー族たちにとっては、島の観光施設はそれほど必要ない。むしろそれのない方が自由で素朴な空気にふれられるとして喜んでいるようである。このようにして産業開発のためにひらいた道やフェリーボートが観光のために利用せられて、フェリーボートの方はかせぎが倍加したと喜んでいるが、島民の側はむしろ眉をひそめはじめているところが多い。自動車がふえると子供たちが道であそべなくなるばかりでなく、交通事故がめっきり多くなった。そして島の商店の売り上げは何ほどものびない。まして商売をしていない者にはほとんどうるおうところがない。マイカー族たちと島民とのつながりはほとんどおこって来ない。にぎやかというよりも騒々しくなってかえって島人にはさびしい思いをさせている。

しかし離島振興法は島を本土化することを最後の目的とするものである。そうしなければ島の生産をもとにしてその生活を高めることは不可能に近い。事実、中部瀬戸内海の島々は、車道の完備とフェリーボートによって島としての多くの不備を克服した。そしていままで禿げあがっていた島をミカンのみどりで包んで来た。島で自動車事故をおこしているものの多くは島外民であるという。島民そのものは慎重であり、島民としてのマナーをまもっている。だが、無遠慮な島外民の島への進出が、産業道路を観光道路に変化せしめつつ島民をも次第に被害の中にまきこんでゆくのではないかと思われる。そして島在来の民はいつまでも本土人の犠牲のために生きることを余儀なくされることになりそうである。

(「読売新聞」昭和四十四年五月二十七日夕刊)

漁船の保存

日本の古くからの漁船の保存対策をたてておかないと取返しのつかないことになる、と気のついたのは昭和四十三年広島県三原市能地の家船《えぶね》の調査をしたときであった。瀬戸内海の家船の根拠地で、かつては一〇〇余の枝村をもっていたというこの浦に家船の完全な様式をとどめているものは一艘にすぎなかった。その後山口県久賀町の調査をしたとき、釣漁船の典型的なものとされていた久賀型漁船が二艘ほどに減っているのにおどろいたのだが、それから二、三年後にはもう姿を見かけなくなっていた。

周囲の人びとに保存対策をよびかけたが一向に反響がないので、調べるだけでも調べておこうと、仲間の者と調査をはじめてもう三年になるが、太平洋岸はもう手おくれである。日本海岸は砂浜がつづいているおかげでまだ古風な船がのこっている。そういうところでは使用しないときは浜にひきあげておく。しかし、りっぱな漁港をつくると、船はすべて海に浮かべておくことになり、不要の船は廃棄してしまう。だからりっぱな漁港にはふるい型の船をほとんど見かけない。

それではなぜ漁船の保存が必要なのかといえば、漁船は小さくて手軽につくることができるから比較的ふるい手法や構造が残っていて、日本における船の祖型をたどることができる。日本の船は丸木船から発達したというのが、これまで定説のようになっているが、わたしは丸木型だけが原型でなく、筏から発達した船もあるのではないかということを、昭和二十五年に九学会連合の対馬調査に参加したときから考えるようになった。対馬の北部には筏船がまだたくさんあり、同様の筏船は韓国の済州島にもある。筏船が次第に構造船に発達していったケースも日本にはあったはずだし、それはふるい漁船の残存のなかからさぐりあてることができるのではないかと考えた。それもしらべてみなければわからない。

そこで調査の鬼のような真島俊一君のグループ、森本孝君らに助けてもらって沖縄から次第に北上して調べるものと、日本海側をしらべるものと、二班にわかれて調査をすすめてみてくると、筏船の漁船化の経路もかなり的確にたどれるようである。東南アジアの諸川から稲をもった筏船が、海岸ぞいに日本に到りつくコースも真剣に検索してみてよいように思う。

いずれそのレポートをまとめる日が来るであろうと思っている。と同時にそれによって米の日本に来た道すじもかなりはっきりしてくるであろう。幸い漁船の保存問題は、民博の梅棹館長以下おおくの方々の理解と協力によってその対策がたてられつつある。

あとはただ調査をしのこしている太平洋岸や九州・四国・瀬戸内海などつぶさに歩いてみなければならない。手おくれであっても見すごすわけにはいかない。じつは、全国的に調査しておかなければならぬ問題は、このほかにもじつにおおいのだが、その体制の整えられる日をひたすら待っている。

（「月刊みんぱく」国立民族学博物館、昭和五十三年四月号）

島の名

島の名称には見た眼の印象からつけられたものが少なくない。

まず大島、小島とよばれるものがきわめて多い。それから沖の島、黒島、赤島、平たいので平島、高いので高島。

背の高い島は船の目じるしになるので、その頂に神をまつったものが多い。神のまつられているものは神の島とよんでいるものも多い。ところが島には死者を埋めたものも少なくない。その島をスズメ島などといっているが、「鎮め島」であろう。長崎県五島の頭島に「ろくろ島」という属島があるが、これはドクロ島ではなかったかと思う。死者を埋葬していたのである。

しかし島の名はその起原の不明なものが多い。それぞれ起原伝説はあるが多くは後世の解釈であるといってもいい。島の名を分類してみると何か教えられるものがあるのではないかと思ったが、意味のわからぬものが多くまだその志をはたしていない。地名辞典ができると、そういうことも可能になるかと思う。

（「『角川日本地名大辞典』刊行パンフレット」角川書店、昭和五十三年十月）

徒然考談

土に芽ぐむものを

若いころは小説がすきで、ずいぶん小説をよんだ。そのころ不思議に思ったことは、欧米の小説はその首府が舞台になっているものが比較的少ないことである。パリーはかなり出てくるにしても、その他の国では首府よりは田舎町または農村が多く背景になっている。

ところが日本の小説のほとんどは東京が舞台になっていた。『金色夜叉』の昔から終戦頃までの小説はほんの少しをのぞいては、東京在住の作家によって描かれて来た。その頃日本の農村は文学不毛の地であろうかと思った。仮に農民の世界を描く作家があっても、これを農民作家と名付けて一般作家とは別ものであるかの印象を与えようとした。田舎に書くことがなかったのか、田舎に書く人がいなかったのか。

東京へ出て来なければ世間からみとめられないことに大きな問題があり、その世間にみとめられるまえに文壇とよばれる職人的な社会でまずみとめられる事が何よりの条件になっていたことに問題があったのであろう。

そういう中で長塚節《たかし》の『土』が出たり、宮沢賢治が出たりしたことは、やはり異例のようなものであったと考える。その後、和田伝《つとう》・丸山義二・鶴田知也《ともや》・本庄陸男《むつお》らのすぐれたいくつかの作品が世にとわれはしたが、この人々の作品にはたしてどの程度の読者がついたであろうか。

為政者や農村指導者は農本主義をといて来たけれど、農民もまたこれを信じようとしたけれど、本能的には農を愛する者よりも、農からはなれようとする者の数の方がはるかに多かったことは、わずかの間に東京の人口を九〇〇万にふくれあがらせたことからでも知ることができる。その大半は村から出て来た人々である。東京に限らず、京都・大阪をはじめ地方都市は農村人口の流入によってふくれ上ったのである。そしてそれぞれ田舎を背負っているはずなのだが、その人々がどうして自分たちの過去の世界にふれようとしないのか、要はその生活が暗く重かったことにあった。そこでは十年働いてもやはり同じ百姓であり、収入が倍加するとはきまっていない、精一ぱい働いてさえ、逆に貧乏する場合が多い。

町の生活、とくに俸給生活には年功による収入の増大がある。農以外の手段によって収入を増すことは必ずしも他人を不幸におとしいれるとは限らないが、農民の社会では一人が群をぬく事は必ず他を不幸にすることになっている。つまり一人が多くの土地を持とうとすれば、他の者はこれを手ばなさなければならないのである。一人の不幸が他を幸福にする事実。この息苦しさは村の中に住んで来た者にのみ理解される。その息苦しさを本能的に知る者は一応それにふれたくない気持がつよい。

しかし日本という国はどこまでも農村を背景にして成立した国である。明治初期の日本の農業人口は三、〇〇〇万、いまもほぼ同様である。しかも農村に於ける出産増加は目ざましかった。その目ざましい部分が農業外にあふれ出て九、〇〇〇万のうちの六、〇〇〇万を占めるようになったのである。もとよりその中の一部は在来の都市生活者であったが、その数は知れたものである。

さて田舎から出て都市生活をはじめたものが、身に田舎を負いつつ、田舎に背を向けた生活をはじめた。それは都会に住む者の優越意識の中にはっきりよみとることができる。中でも東京に住む者の優越意識はもっともつよい。天皇制を否定する者さえが、東京に居れば全国に号令がかけられるように思っている。

しかしそれが必ずしも正しい見方考え方でない事は、安保闘争などにもうかがわれる。都市と農村の間に大きな断層ができていたことに気付かなかった。ヨーロッパのように都市の生成が古く、市民が市民意識をつよく持っているようなところならいざ知らず、まだ市民意識すらも生れず、都市生活の伝統も生れていないようなその都市に住むものが、いつの間にか農村からはなれてしまっていたのである。実はそれがそのまま日本全体の姿でもあったのではなかろうか。

戦後やや農村の自主性が恢復せられたかに見えた。がそれは敗戦による都会居住者の地方疎開に見られた一時的な現象にすぎなかったもので、その人々は必ずしも地方に対してあたらしい動向を指標する役割は果さなかったようで、平和がおとずれるとまた町へ引きあげていった。と同時に農村人口の都市集中はまったく眼を見はるものがある。それは国勢調査による人口移動が物語ってくれる。

そして都会を中心とした植民地的な文化がいよいよはなやかになっていくであろうが、同時にそれらは咲きやがて散るはかないものでしかないように思われる。

が、もうぼつぼつ浮動的なものから定着性のある文化や文学が生れはじめてもいいのではあるまいか。古典になり得るものが生れはじめてもいいのではあるまいか。

いまはまさに激動期であり、第二次産業革命ははじまっている。それによる職業、居住その他の大きな配置転換はすでにおこされていると見られるのであるが、その故にその激動にたえ得るかをためされる根強い思想と思想を生む努力がなされてよいと思う。
その一つの手段として、私はやはり農村と農民への都市居住者の接近がなされるべきではないかと思う。そういう意味で私はたえず谷川雁氏の行動に眼を向けている。そこには何とも言えぬしぶとさが生れつつあるのが見える。煮てもやいても食えぬしぶとさ、そこから明日が芽吹くのではあるまいか。私は地方の土の中にそれを見つけ、育てる仲間の多くなることを待望する。

（「群像」一六巻四号、講談社、昭和三十六年四月）

私の周辺

歩くことによって学び知識を得ている私のような人間は、いつまでたっても歩く以外に問題を見つけ発展させていく方法がない。昨年は久しぶりにかなり歩いでみた。主として西日本の山間部と島であった。東京では毎日スシ詰めの電車にのり、人の波の中を歩いているのに、山間では半日歩いて人一人に会わぬ道もある。そういうところでは人々がきびしい自然と対決しつつ、ひっそりと住んでいる。その息苦しさにたえない若者たちは町へ町へと流れている。

島の場合になると、そこに人はいても老人か女か子供だけという有様である。そこに資源がないのではない。よい企画をたててそれが実行にうつされるなら、みんなが一〇〇万円くらいの粗収入は得られるような未活用資源のある所が多いが、みんな貧乏している。山間僻地にも離島にも政策と企画のよろしきを得れば、まだまだ輝かしい未来があるように思われるのだが、現実には日本の政治や経済はそこから夢をうばい、老衰せしめつつあるように思う。仮にそこに懸命に働いて、輝かしい未来を開こうとしている人がいるにしても、その人たちの希望や意図をほんとに実現させてあげようとする指導性に富んだ政治はないようである。

私は過去七、八年の間、離島のお世話と山村の経済的な調査を同志の人々とやってきたのであるが、ともになかなか本当の効果をあげてこない。都市を中心とした大資本が、地方で健全に育とうとしている芽をすらつみとる場合が多いからである。これまでもそういうことについて訴えつづけてきた。が、ことしはもっと多く、強く訴えたいものだと思う。近ごろ都人士の観光ブームは大へんなものである。フトコロぐあいがよくなってのことで結構なのだが、さて観光される方の人びとは大半が観光客に背を向けている。これが首相のいう大国の民衆の正しい姿だろうかと思う。みんなで騒ぎたてている世相の、その下にある世界を見つめ、訴えたいと思う。

（「毎日新聞」昭和三十七年三月七日）

表彰ばやり

何でも彼でも表彰。テレビでは賞品の見せびらかし。それで世の中がよくなるのなら結構な事だが……。みんなが金鵄勲章をもらっているうちに負けた戦争もあったっけ。

（「論争」論争社、昭和三十八年十月号）

学生運動への提言

私自身過去において学生生活らしい体験をほとんど持っていないことと、その後集団としての学生に接触する機会がないので、私の見方は一方的であると思う。その私の眼にうつる学生運動というのは、学生全体の文化運動というよりもむしろ一部の学生の政治運動のように思える。というのは私の接する個人的な学生諸君の中で、いわゆる運動をしている人たちは稀だからである。なかに少数の運動家も見かけるが、むしろそれらは周囲につられて行動しているやに思われる。

さてその運動も学生なるが故の地位と特権によるものではないかとさえ思われる。その人たちが卒業して職につき身分的、時間的に拘束をうけるようになったとき、なお学生時代同様に行動するであろうか否かを疑って見る。そういう意味からすれば、やがて拘束されるべき社会への一つの抵抗運動のようにもうけとれる。もとよりすべての学生がそうであろうとは思わない。

私は抵抗のエネルギーを否定するものではない。しかし抵抗というのはある枠の中だけでおこなうものではなく、枠をこえておこなわれるべきものであり、破壊であるとともに建設をともなうものでなければならぬと思う。

いろいろの闘争のおこなわれた土地を時たま訪れることがあるが、そこにのこされた傷あとは深い。そうした事に対しての責任をとろうとする者は少ない。

政治運動からもっと建設的な文化運動への展開もあっていいように思う。今日若い人たちの都市集中はとどまる所を知らない。しかし目ざめた学生諸君の地方へ散り、地方の文化をおこす運動はまだ真におこされてはいない。それも一つの抵抗運動ではなかろうか。

（「思想の科学」二六号、思想の科学社、昭和三十九年五月）

好きな言葉

一、「試ることは悟ることだ」
「運命は失望に組みしない」
「いつも思っていることはいつか達せられる」

二、何でも力一ぱいやって見ること。すると失敗しても何か心に残るものがある。そしてどのようなことがあっても失望しないこと、きっと道はひらけて来る。生きている限り、ものをあきらめない限り、いつかは思っていることは達せられる。

（「社会人」一八九号、社会人社、昭和四十年一月）

思いはとどく

「いつも思っていることは、いつか達せられる」

これが今日まで、私のひそかに思って来たことばです。どんなことがあっても、あきらめてはいけない。そのときうまくいかなくてもいい。その時期でなかったからです。そのことの成就せられる日まで待てばよい。そして徐々に条件をつくっていくことです。あることを計画して失敗したように見えても、それはその場でのことで、実は一つのものの遂行せられていく中間過程でしかないのだ、と思います。そしてそのときその場では、無理をしないことだと思います。

私はほんとにささやかに、ひろい人生の片隅を人と争わないように、また強い自己主張もしないままに生きて来ました。世間が自分を必要としないときには、出しゃばっていけないと思いました。そしてその場その場における自分の必要とする知識の吸収につとめました。それが自分に役立つだけでなく、いつかは人の役にもたつだろうと思いました。

しかし今になってみて、世間がどれほど私を必要として来たかはわかりません。私が居なくても世の中には大してさしさわりはありません。が、自分自身でやりたいと思ったことは、いつの間にかいろいろやって来ました。そしてこれからもやりたいことが無数にできて、どんなささやかな人生であろうとも、自分なりにいそがしく精一ぱい生きていくだろうと思います。

（「向上」六五一号、財団法人修養団、昭和四十一年五月）

静かにあるける道を

田舎のまずしい家に生れて金のかからないように生きることが、身についてしまっている私は、いまでもそのくせがぬけなくて、どこへいっても、ついあるこうといい出す。講演などたのまれて出かけてゆくと、駅までたいてい自動車でお迎えの来ているものだが、ことわれる場合はことわってあるくことにしている。あるけば犬とおなじで何かにあたる。あたらぬこともある。しかしちかごろは自動車がふえてよほどの細道でないかぎり、ゆっくりとおちついてあるくことはできなくなった。

一昨年であったたか。箱根宮ノ下のホテルで教授会があって、その帰り、せっかく青葉の美しいときなので歩いて湯本まで出ようと思って出かけると、理事長もいっしょに私もあるきましょうといって肩をならべた。それに若い元気な教授も加わって三人になった。理事長はまだ青年といっていいような人。

「こういう日はみんな緑の下をあるくといいのですが」

などといい気になってあるいていたのだが自動車がひっきりなしに通ってゆったりした気持であるけるものではない。それに歩道もない。青葉の下の緑のかげ、それは実にいいものなのだが、自動車で通りすぎれば何ほどのこともない。それればかりではない。自動車はわざわざわれわれのあるいている方へ寄って来る。われわれがあるいているのが目ざわりになるのか、あるいはおどして見たいのか。あるときはガードレールぎりぎりに寄って来てこちらをはねそうにしてすぎていく。

こころみに、私は理事長と若い教授からすこしおくれて、ガードレールの外側をあるいて見た。後から来る車が二人の所まで来ると、よけるのではなくて逆にその方へ寄っていく。大型バスなどそれ一台で道一ぱいになっているように思えるのに、ずっと左へ寄って、アッと息をのむようなことがある。すれちがう車があって左に寄るのはあたりまえだが、そうではない。

とにかく、人に接近して、歩いているものに恐怖感を与えることにスリルを感ずるらしい。時折外人の車が通るがそれはそういうことをしない。塔の沢へおりるまで、私たち三人の外に道をあるいている者には出あわなかった。人の歩ける道ではない。車が完全に人を追い払っている。車があるく人を追い払いつつ道一ぱいに通ることが、人を歩かなくさせた原因の一つにもなっているのであろう。それにしても箱根のようなところはゆっくりと人だけのあるける道がほしいものである。時には腰をおろすこともできて。

便利になることはわるいことではない。道はまだまだ作らなければならない。しかし、そのままにしておいていいような道は、そっとしておけないものかどうか。私のつとめている学校は小平市の玉川上水の近くにある。玉川上水の両岸は木がよく茂っていて、その中を細道が通っているので、学生たちは鷹の台の駅から学校まで十分あまりを主としてこの道をあるく。私もあるく。雨がふればぬかるむが、日ごろはややしめりをおびた道をあるく足ざわりのようなものは実にいい。春やせほそって青空のすけて見える枝に芽がふくらみ、やがて葉が出て空をおおう。すると木もれ日のかげが地面や木の幹に陰影をつくる。木の下にボケの赤い花がさいていることもある。上水は掘割のようにふかく流れているが、その水を上流の方で分水した水が道をはさんで流れている。この水を利用して昔は所々に水車小屋があり、米をついたり粉をひいたりしていた。

秋になると葉が黄ばみやがて散って林は明るくなる。

その林の木が大半伐られて、そこへ創価学会の高校ができた。いつかはこの木々も伐られるようになるだろうとは思っていたが、何か大事なものを一つ失ったように思った。人さまの土地であるから文句は言えないけれど、武蔵野の木もこうしてだんだん姿を消して人が住むようになる。同時に土の道などそのうち姿を消すことになるだろう。

戦前私は水曜散歩とみずから名づけて、水曜の午後武蔵野をあるくことにしていたが、その道の一本をあるいて見て見当のつかぬほどにかわっているのにおどろいた。何よりもあるける道ではなくなっていた。たちどまっては車に道をゆずらなければならぬ。静かに物を考えながらあるけるような道はのこしておきたいものである。道をあるくことが単に事務的になってしまったり、周囲へ気ばかりくばらねばならなくなったとき人は決して幸福とはいえぬ。

（「アルク」二七号、日本万歩クラブ、昭和四十二年九月）

東洋の悲劇

もうぼつぼつ日本も独立国家らしい識見と抱負をもってきていいのではないかと思う。独立国としての識見とは、相手の国々を対等に認め、その国々の意志を尊び、相手の国によって差などをつけないことではないかと思う。そういう点でいちばん気になるのは、すぐお隣の中国との関係である。

われわれは、日清戦役以来この国を対等に遇してきたことがあるであろうか。とくに、昭和十二年以来終戦までこの国民にかけた迷惑は実に大きなものがあったが、それに対して日本民族としてなにひとつ心からわび、つぐないをしたことがあるであろうかと思うと、私はいつも心のいたむのをおぼえる。

しかもこの国は、われわれの学ぶべき実に多くのものをもっている。とくに揚子江流域―すなわち漢民族の故地、そこに住む人たちは四、〇〇〇年もの長い間そこに住み続けてき、他を犯し、また他から犯された歴史はほとんど持っていない。時に北方民族の軍事的な征服もあれば、弁髪を強いられた時代もあったが、文化的に屈したことはなかった。またこの地域の人びとが、すすんで、他国を犯したことがどれほどあったであろうか。

アジア的停滞をといた学者もあったが、停滞は衰弱や退廃を意味するものではなかった。血はいつも新しかった。ここには血を新しくする力があった。そういう民族がいままで他にあったであろうか。私は齢六十に達してそのことを考えてみるようになった。あまりにも世の中を知らなすぎてくるとともに、私たちの周囲の民族と民族文化に対して無関心であったことを恥じる。実はそこにこそ学ぶべき多くのものがあるはずである。しかもそれらの民族に対して謙虚であったかというに決してそうではなかった。いつも優越者として接してきたのである。

日本が四、〇〇〇年の歴史をもっているとするならば、他の国もまたそれぞれ四、〇〇〇年の歴史をもっている。同時にそれらの国々の国民もそれぞれの文化をもってきた。ただ日本だけが明治以来西欧文化の強い影響を受けた。そのことによって、東洋における先進国のような顔をして周囲にあたり散らしたのである。もっと謙虚に、もっと忠実にこれらの国々と手をたずさえて東洋的な文化を守り育ててゆく姿勢をもちつづけて来ていたならば、今日のような分裂はおこらなかっただろうし、一つ一つの国が悲劇的な状況の中に追い込まれることはなかったかもわからない。朝鮮を二つに割り、ベトナムを二つに割り、シナを二つに裂いて、お互いを争わせることによって強国同士の均衡を見出そうとするような人間的おろかさのまきぞえをくい、いちばん悲劇的な立場におかれているのを見ると、すべてを武力で解決しようとしたわれわれのおろかさがその原因をなしているのではないか。

その反省のためにも武力をすてたはずであった。武力をすてたところから、新しい民族意識とほんとうの平和運動がおこってくるように思う。そのときわれわれの周囲の国々からは、実に多くの学ぶべきものがあるように思う。

「民衆のおこした戦争はない。戦争はいつも軍人がおこす。そして自分たちの手におえなくなると民衆をまきこんでいく」

といわれた柳田国男先生のことばを私はいつも思い出す。しかし民衆はいつも平和をもとめ、また相手と仲よくし、相手から学ぶ心をもっている。もう東洋にも民族と民族が信頼しあえるような世の中が来てもいいように思う。またその努力のために懸命になるべきだと思う。そうでないと、かってわれわれの犯かしたあやまちは、いつまでたってもぬぐい去られる日は来ないように思う。

そしてその限りにおいて、東洋の悲劇はいつまでも去らないであろう。

（『東洋経済新報』東洋経済新報社、昭和四十三年五月）

青春の過去と現在

この世に生れ出てもう六〇年あまりになるが、よくここまで生きのびて来たものであると思う。これまでに何度も死ぬような病気をしたことがある。しかし不思議によくなって来て生きのびたのである。一ばん厄介な病気は結核で、最初にたおれたのは昭和五年であった。

その頃、この病にかかった者の大半は死んだ。私の友の多くも死んでいったし、郷里で病んでいるころ、村の中にねていた者が七人いた。その中で今日まで生きながらえているのは私のほかにもう一人ある。昔は不治の病といわれ、よくするためには辛抱づよくねているよりほかに道がなかった。私は二ヶ年間ねて、やっとおきることができた。それから昭和二十八年までは何とかこぎつけて、また発病した。

その頃はストレプトマイシンができていて、しかも薬を口から肺に入れる方法をとって危機を脱した。その頃から結核は不治の病ではなくなりはじめていた。再発したときはもう駄目だろうとあきらめていたが、もう一度元気になってひろいものをしたように思った。

しかし、昭和四十二年にまたまた発病した。こんどは熱も出ないし、痰が多少多い程度で自覚症状はなかったけれど、いわゆる老人結核であった。そこでまた入院した。半年ほどで退院し、いまも通院しているが日常の活動には堪えている。そうやすやすと死ぬるものではないという気になると、とにかく暗い気持にはならないですむ。入院中も周囲の患者が皆あかるい顔をしていて悲痛な感じはしなかった。

昭和二十四、五年までは一番おそれられた病気であり、多くの若者のいのちを次々にうばっていったものであるが、この病が社会的に克服できたことは何よりありがたい。

それに兵役の義務もない。若者たちは若さを謳歌することができるのだが、それだけにもっとはつらつとして自己自身の人間的な成長のために努力してほしいものだと思う。

とにかく現代の青春は過去の青春よりはるかにあかるい環境の中にある。しかしその青春を暗く考えがちの人の多いのは検討を要することである。

(「アルク」四二号、日本万歩クラブ、昭和四十三年十二月)

おかねはさびしい

たびたび人にも話し、書きもしたことであるが、私は昭和十四年から十八年までの間に十五回ほど旅をした。

一回に十日から二ヶ月にわたる位の旅であったが、その間につかった金が総計千百円ほどであった。この中から汽車賃だのバス代をはらうと、ほんの少ししかのこらないが、それが食費と宿泊費になる。

このことから見てもわかるように、長い旅の宿泊のほとんどが無代であったということである。人びとはみなまずしかったし、まずしいから金はほしかった。しかしお互いさまというような場合には、決して金をとろうとしなかった。それは決して見栄からではなかった。金がなくても暮らせる世の中があった。

もう一つ例をあげよう。辻アイという石工の妻が書いた『母ちゃんが書いた―おまえたちに遺す私の歴史』（未来社、昭和三十四年）という本をよんでいると、夫が働いて得た金をためもしないでパッパとつかう。弟子や身内の者に対して……。しかし自分の生活は決してゆたかではない。困ったものを助けるのはあたりまえだからと思っているからである。ところが夫に死なれて収入の道をたたれて困ってしまう。困ってはしまうけれども、ゆきづまらない。誰かがたすけてくれる。そのような中で子供が大きくなっていく。人にほどこすことは、同時に自身にほどこすことでもあったという事実、またそういう社会のあったことを教えられるのである。最下層の社会というものはそういうものであったと思う。しかしほどこした者から直接おかえしをうけるものとは誰も考えていなかった。誰かがほどこしてくれる、とのみ思っていたのである。

最近私はハワイからかえって日本で余生をおくろうとしている老人夫婦にあった。どうして日本へかえって来たのか、と質問すると、

「向こうはすべて金の世界です。借りた金はかならず返さなければならない。物はすべて金を出さねば買えない。やったりもらったりということはきわめて少ない。もらえばかならず何らかの形でかえさなければならない。個人的なほどこしはほとんどない。年をとってみると、日本人にはそういう社会はいきぐるしくてどうもやりきれない。若いとき日本で育ったものはそれが一番つらい。戻って来てみると西瓜を食え、茄子ができた、と隣近所からもって来る。あまったものをそうして処分する。こちらも同様で、わざわざ物を買ってもってゆくということはない。戻って来てみてほんとによかったと思っている」

と実感をこめて話してくれた。貨幣というものが十分ゆきわたっていなかったから、このような社会が成立したのかもわからない。しかし金で一切のものが処理せられるということは、日本人とくに、村落生活をしたものにはさびしいことではないかと思う。

日本では、金で買えないものが大切にせられた。「金で買えるくらいのものなら」とむしろ軽蔑さえした。しかし、今日では金さえ出せばどんなものでも買えるようになって来た。

金で買えないもの、金だけでは動かないものがもっとあっていいのではないか。上は政治から、下は一円二円のものまで、金がなければ動かなくなってしまったことは、何ともさびしいことである。

むしろ金がなくてもすむような世の中はつくれないものかと思う。人が人を信頼する社会では、そういうこともあっていいのではないかと思う。

社会保障がおこなわれている世の中もいいけれども、それ以上に人と人の心のふれあう世の中の方がもっといいように思う。

世の中が進むということが、すべて物質的なものでわりきれるようになるということは、私のように古い時代に幼少時をすごしたものは、何ともさびしいことである。

（「向上」六八二号、修養団、昭和四十三年十二月）

沖縄に学ぶもの ―私にとって沖縄とは何か

屋良朝苗《やらちょうびょう》さんが琉球政府主席に就任したことで、沖縄はようやくその自主性をとりもどしはじめたような気がする。沖縄は日本であり、古い日本文化の姿をのこすものとして学者の間では尊重せられながら、正しく認識するものは少なかった。それは継子あつかいが久しすぎたからである。九州の南に点々としてつらなる島々は、日本から南方へ向かうものの「道の島」としての重要な意味をみとめはしたが、そこに住む人びとの文化がもともと日本とおなじものであるということについての探求は柳田国男先生がこの島々をおとずれるまでは、本土の人によってはほとんどなされたことがない。ついで折口信夫《おりくちしのぶ》博士によって沖縄文化の価値の高さ—島であるが故に古い姿がそのまま温存され沖縄文化を見ることによって日本の古代文化を明らかにすることができるということの実証が、そのまま古代研究方法論にもなっている。それはただ似ているということではなく本質的には一つである。一つであったものが一方が離島の中で封鎖せられて原型を保ちつつ今日にいたり、他方は外来文化の衝撃によって古い姿が次第にこわされて来たのであるが、その根底的なものはなお共通していることによって比較も可能であり、またこわれた本土残存文化の中に含まれた本来の意味もさぐりあてることができる。そういう点で沖縄は価値が高かったのであるが、ただそれだけのことであっただろうか。もっと重要な意味を持っていると思う。沖縄県民は早くから武器を持たなかった。そのためにシナにつき薩摩につき、長い間両属政治を余儀なくされたというけれども、とにかく武器を持たない社会をつくりあげて久しい。相手を承服させるためには説得以外に方法がないのである。そこには学ぶべき多くのものがあった。

しかし、大東亜戦のために基地化され、そのことによって言語に絶する犠牲が強いられることになった。武器を持たなかったからそうなったのではなく、武器を持たされたからそうなったのである。そしてその悲劇はいまもつづいている。それは沖縄県人の自らもとめたものではなく、強いられたものであることによって、悲劇はより深刻なのであるが、沖縄の人たちはよくその苦しみにたえて来ている。この事実を本土人は正しく記憶しなければならないと思う。

戦災によって沖縄本島の小中学校の校舎はほとんど破壊しつくされた。しかもそのあとの仮校舎はブタ小屋同様のものであり、その復旧については占領軍も日本政府も手をさしのべはしなかった。そんなとき屋良さんは「沖縄戦災学校復旧期成同盟会」をつくって本土にわたり、本土の教育関係の人びと、学校児童などにもよびかけた。そのことによって寄付に応じたものが九百二十五万六千人にのぼった。この驚異的な数字はまったく説得の力によるものである。このとき本土と沖縄の一体感は植えつけられたはずであるが、政府はそのような動向をとることをこのまなかったようである。

そのときの動きが、こんどは政治的に大きくあらわれたと言っていい。さきの場合も今回の場合も沖縄からの働きかけであって本土からの働きかけではない。そこに一つの悲劇性がある。なぜなら私たちは古代文化の上において沖縄に大きく学ぶところがあったのであるが、武器を持たない人たちの持つ説得力についてもなお学ぶべき多くのものがあるからである。

説得するためには自己の立場がはっきりし、自主性がなければならぬ。それでなければ相手を納得させることはできない。また自らの中に含むものがあってはならぬ。いつも虚心でなければならぬ。同時に自己の利益はいつも守られるものでなければならぬ。そしてその事実を相手に知らしめることである。

われわれが本当に平和な世の中をつくっていくためには武力やかけひきによるのではなく、以上のような態度がもっとも重要なことであるが、本土ではそういう態度すら希薄になりつつある。本来沖縄の本土復帰運動は本土側から自主的におこすべきものであった。それが武器を持たざる社会の可能性を示唆することにもなるのだと思う。

そういう点からすると沖縄県民の戦前、戦後を通じての動きはきわめて正しいものであったといえるばかりでなく、沖縄県人の本土復帰運動の中には単にそれを政治問題としてのみでなく、人間として人生処理の問題として学ぶべき多くのものが含まれていると思う。要は本土の人たちの沖縄に対する正しい認識と対策が何よりも大切なことであって、過去から今日までほとんどそのことがなされていなかったことを痛感する。そして沖縄の本土復帰のあり方の中に本土人のつよい覚悟が要求せられなければならぬ。

（「琉球新報」昭和四十四年一月七日）

テレビを見て

私はテレビを見ることは少ないのであるが、見ていてそのほとんどが間にあわせのもの、思いつき、またはきわものと言った感じがふかい。とくにドキュメンタリーにその傾向がつよいのではないかと思う。真実らしく見せかけたウソが多すぎ、しかも主観的な解釈によって人を傷つけている場合が少なくない。

よいものをとるためには時間をかけなければならないものが多いし、ある一つの事実が放映されたあと、それがその後どうなっていったかについての追跡もなされてよい。そういうことからするとそれをやらなければならないのが放送番組センターの仕事ではないかと思う。一つの事情がどのように発展し衰退してゆくかについての客観的追跡は私の一番知りたいことである。

（「番組センター」七号、放送番組センター、昭和四十四年十二月）

沖縄復帰の道

九月末（昭和四十四年）に沖縄へゆく機会をもっていろいろのことを考えさせられた。沖縄が太平洋戦争の最後の段階で実に悲惨な戦場と化し、多くの犠牲者を出し、しかも終戦後は本土ときりはなされて今日にいたったのは、沖縄県民にこのうえなく大きな犠牲をしいたことになる。しかし、沖縄県民はその間、ひたすら本土復帰の希望をすてず、努力をつづけてきた。その間、本土のものはいったいどうしていたのだろうか。どうやらほとんど無関心でいたのではなかったか。どうもまことに相すまぬ気がするのである。

戦火のためにたたきのめされてしまった島の人びとがたち上がってゆくには言語に絶する苦労があった。まず家をたて、畑をひらいてサトウキビをつくることに精出した。

伊江島の場合はアメリカ軍によって日本軍は全滅し、生きのこった島民二、〇〇〇人は渡嘉敷島におくられて、そこに二年も居させられてやっと帰って来たときは、村はあとかたもなくなっていたという。島へかえって来た人たちは手わけして家を建てにかかったが、それにもまして教育はたいせつであるとして、浜に出て砂の上に字を書いて子どもたちに教えたという。それはすべて本土復帰の願いから出たものであった。

もともと血をおなじくし、文化をおなじくする民族である。時にシナに朝貢し、また薩摩の島津氏に征服せられて両属を余儀なくされたが、より多く日本へのつながりを持っていたことによって、明治十二年、日本に帰属して沖縄県になったが、日本が沖縄に対してそそいだ愛情は決して強いものではなかった。それでもなお日本であろうとしたのだが、戦後はアメリカによって本土からひきさかれてしまっていた。

いま日本人はこの情熱にこたえるものをもっているのであろうか。沖縄返還をとなえる人たちも沖縄県民の立場に立ってどれほど考えているのであろうか。那覇の町を歩いていると、店で売られている商品のほとんどは内地の製品である。看板を見ても横文字は少ない。経済的な復興はアメリカの軍事基地に依存することによったであろうが、それによって動いた物資は本土からのものであった。

長い異民族支配の下からいま本土へ復帰する日をまちつつあるのだが、本土の人びとは沖縄県民の期待にこたえるだけの覚悟と用意をしているであろうか。沖縄県民が過去二四年の間、孜々営々として本土復帰のための準備をしてきているのに対して、本土の側は無関心であり無準備でありすぎる。

沖縄経済が軍事基地依存から平和経済へ移行するには、産業・交通などの体系を大きくかえなければならぬが、それでは、新しい産業はどのようなものであらねばならぬかは、いまから検対してゆかねばならぬ。それに伴う産業人口の再編成もいまから計画されなければならないであろう。

いっぽう、内地資本が沖縄資本を押しつぶさないようにするにはどうすればよいかの対策もたてねばならぬ。そういう作業は実はいままでに着々と進められていてよかったものではないかと思う。しかし沖縄県民の努力に対応するものはこれまでにほとんどなかったのではなかろうか。沖縄を歩いてみてその感を実にふかくする。本土に復帰するとき一体感を持ちえず、違和感を持つようなことがあるとすれば、それはまさに悲劇である。しかもそのような危険を多分にはらんでいる。

これまでの間に民間のいろいろの機関はお互いに手をつなぐべき方法はいくらもあったと思う。たとえば離島振興の問題などは、現状では、政府も財政も異なっておりつつ、沖縄の離島町村は沖縄離島振興協議会を結成しつつ、本土の全国離島振興協議会に参加してその一支部となり、本土の会に出席して協議をともにし、また本土の離島振興方式をとり入れて、それぞれの島の振興計画をたてつつある。そしてそれらは本土復帰の日そのまま生かされることになるであろう。

このような提携ならばすでにいままでにあらゆる団体がとりえたであろう。そしてそれは可能であったはずである。今からでもおそくはないのであって、沖縄の民関諸団体と本土のそれとがまず結びつくことから始められなければならないのではないかと思う。

（「週刊東洋経済」三五一一五号、東洋経済新報社、昭和四十五年一月）

半病息災

健康というも不健康というも
私にはそのけじめがつかない

私は二十四歳のとき胸をわずらって以来、決して健康とは言えなくなった。胃腸も弱いし、いろいろな病気をする。しかしなかなか死ねないもので六十をすぎるまで生きのびて来た。もうダメかなと思うことがある。が、またもういちど元気になる。

若いころ長い旅に出るとき、あるいはこの旅の途中でたおれるようなことがあるのではないかと思うことがあったが、芭蕉の『奥の細道』の中にある「道路に死なん、これ天の命なりと」ということばを思い出して旅をつづけて来た。いまはもうそのような旅をすることもない。

私の生活は貧乏と旅との連続であり、あそぶ余裕はほとんど持たなかった。旅をしていないときは、旅でしらべたものを原稿紙に清書していった。東京が本拠であった時代にはそういう日がつづいたが、戦後、昭和二十七年まで郷里を根城にするようになった一時期は家へ帰れば田畑の耕作から薪とりまで、一人前の百姓として働き、夜を原稿書きにあてた。元来弱いはずの私がそういう生活をくりかえして、昭和四十二年に三回目の病気をひきおこすまで働きつづけてみた。用心深く休養もとり、うまいものも食い、時にはあそぶこともあってよいのであろうが、実はそういう時間さえおしまれた。何のためにそんなにあくせくするのかと聞かれても「性分だからしようがない」と答えるよりほかに答えようがない。

あそんでいる人をうらやましいと思ったこともない。人それぞれの道があって、その道をあるいていく以外に方法がないのだと思うようになったのは旅の日が多くなってからであるが、「もし私という人間がこの世に不必要なら神は私のいのちをうばうだろう。私がこの世に生きることを要求されているのならばその間は生きているであろう」そんなに考えることによって生に対する執着もそれほどつよく持っているとは思わない。しかしいそがしくし、睡眠時間が五時間内外にすぎないからと言って無茶をしているとも思っていない。私の読書は電車の中であるいは旅さきでなされたものであったが、近頃は電車へのって腰でもかけるとすぐ眠ってしまう。大分年をとったのだなと自分でも思う。そして、ねむくなると夕飯後からでも眠り、興がのれば徹夜もめずらしくない。とにかく自分の気のおもむくままに生きているといってよいのかもわからない。

そしてまだ生きられそうに思う。生きている間は、この姿勢をくずさないであろう。健康といい、不健康というも、私にはそのけじめはつかない。あまり丈夫ではなかったといっていいが、さりとて四千日をこえる旅をしたのだから病弱だったわけではない。無病息災ではないが、一病息災でもない。半病息災程度であろうか。それでも結構仕事はできるものである。要は生きることにこだわらないようにすることであろう。

（「月刊健康」七四号、月刊健康発行所、昭和四十五年五月）

情報過多の時代 ―真実を知らされぬ民衆

情報過多の時代だという。たしかにその通りだと思う。しかし一人ひとりにとっては果たして過多であろうか。おのずからそこに選択がある。つまり自分に必要な情報しか摂取しない。年長者と若年者の間に断絶があるという。それは単に年齢的な問題だけであるだろうか。若者同士の間にだって断絶はある。一人ひとりの摂取する情報に差があるためである。

自分に関心のあることについては詳しいけれども、それ以外のことはまるで知らない。詳しいと思っていることすら実はわからないことばかりである。私自身がすでにそれである。たとえば日本における農業生産物の過剰状態について、なぜ過剰農産物に限って輸出対策がとられないのかということなどその一つである。米にしろ、ミカンにしろ輸出対象にしてよいはずである。工業製品のみがなぜダンピングまで行なって輸出されなければならないのか。

そういうことについてだれも論じてはくれないし教えてもくれない。あるいは日本の農業は滅ぼしてしまってもよいのかどうか。すべてを工業におきかえることが国としての必然的な要請であるのかどうか。あるいはまた食糧の自給度というものは問題にしなくていいのかどうか。そういう大前提がまず明らかにされなければならない。しかしそれがないから百姓は不安なのである。元来日本のような小農主義の国ではもともと農業を自主経営に持っていくことは不可能に近い。三〇〇万ヘクタールの水田のうち平坦部にある一〇〇万ヘクタールは大経営にきりかえることもできようが、その余の棚田をどうすれば大経営にきりかえることができるか、あるいは傾斜畑はどのようにすればよいか、といったようなことについての議論はほとんど聞いていない。

☆　☆

工業製品については国は実に熱心だけれども、農業に関しては根本的な問題はほとんど考えられていない。とくに地価の値上がりが、農業における経営の規模拡大を根本的にはばんでいる。それだけではない。今日まで農民は自然の管理者であった。山に木を植え、災害防止の対策に努力し、山野を今日まで美しからしめるための奉仕は実に大きなものであった。しかしいま次第に管理は放棄せられはじめている。木を伐っても植えるものが少なくなり、植えても管理が行なわれなくなっている。試みに汽車の窓から野を山を見てすぎるとよくわかる。杉の植えられた山がクズの葉におおわれ、雑木林が蔓草におおわれているところが多い。やがて山地は真葛ヶ原になってしまうのではないかと思われるほどである。

農民はすでに疲れはてているという感を深くする。このような疑問をあげていくとほとんどきりがないといっていい。

☆　☆

政治が民衆のためにあるものならば、どうしてもう少し民衆の味方になってもらえないものであろうかと思うことが多い。と同時にもっと多くを知らせるべきではないだろうか。最近公害がしきりに問題になる。水俣病やイタイイタイ病、田子浦港のヘドロなどが一つの導火線になって来てのことであるが政府は被害者の立場に立って調査しないのであろうか。

民衆がだまっている間は決して対策を立てようとしない。新建材をはじめ油脂製品が火事のときひきおこす被害の大きさなども当然問題にされていいが、そういうものは依然として市中へ売り出されている。そしてほかにかわるものがないから、危険と知りつつ消費者はそれを買っているのであるが、近ごろの火事の多さ、それにともなう毒ガスによる中毒死の多さなども当然問題にされていいと思う。しかし民衆が声を立てないということで、何ら手が打たれているということを聞かない。まったく恐ろしいことである。これからさきはすべて民衆が声を立てなければ、すなわち住民運動をおこさなければ政府もマスコミもそれを問題としてとりあげないのであろうか。

☆　☆

民主主義の時代といい、民衆の時代といいつつ、われわれの知らぬところで舞台まわしが行なわれている。そういうことはどうしておこってくるのかということについて考えてみた。一人の代議士がある選挙区で五万か一〇万かの投票で当選した。五万とか一〇万とかの票数は全国の票数から言えば何百分の一にすぎない。そういう一人が一つの政党の中でいろいろの駆け引きによって首領にえらばれると総理大臣というものになる。これが果たして国民の総意を代表した人といえるのであろうか。そんなことが因をなしてほんとうの民主主義とは言いがたいもの、つまり民衆の意志とは違ったところで舞台まわしが行なわれるようになっているのではないかと思う。

とにかく、情報は多すぎるといいつつ、選択・摂取するためには一般人にとっては必要な情報が少なすぎて正しい判断さえ下しにくい。そこで大きな声でものを言っている者の後ろへついて行きがちになりつつあるのだが、それでもなお多くの疑問と不安の残るきょうこのごろである。

（「新潟日報」昭和四十六年三月九日。ほかに同文で「民衆の疑問と不安」と題し「山陽新聞」昭和四十六年二月二十四日に掲載）

日時を限らず目的に努力

「いつも思っていることは、いつか達せられる」

せっかちな世の中になってみんな追われるように生きているかに見える。しかし私など足も弱く、あるく速度もおそいものは、自分の速度にあわせてあるいてゆくよりほかに方法がないと思っている。しかも長い生活の中には失望もあれば挫折することも多かったのだが、挫折というのは自分の力ではまだ希望実現の時期ではなく、もっと時間をかけもっと努力しなければならないと思うようになった。そして挫折とか失敗とかいうことのおこるのは、自分自身の考えや力によって行動したときにおこるのではなく、借りものの力や考え方に基づいていることが多いことをだんだん知るようになった。

そのように考えてみると、自分自身の持つ力と思想の貧困に息をひそめるようなおどろきをおぼえることが多い。しかし自分が行動し考えて自分に納得のいくものだけが自分の世界なのであって、そういうものを積み重ねていく以外にほんとうに自分の成長はない。そういうことがわかって来ると、目的なり理想なりを達するということは自分自身にとっては大へんな努力を要するもので、生涯をかけてもなおむずかしいことすらある。

事務的な仕事なら日時を限ってしなければならないことが多いが、自分を成長させてゆくための、あるいは自分の目的とする世界を実現させていくための努力は日時を限らねばならないようなことは少ない。そう思って日々をすごしている。ただいつまでも目標を見失わないようにしなければならぬ。

（読売新聞昭和四十六年十月十七日。『人生のことば』、講談社、昭和四十七年十月再録）

横井さんと日本人

横井庄一氏がグアム島のジャングルから終戦後二七年目に救出されたという新聞記事は、いろいろの意味でわれわれに大きな衝撃を与えた。それは、たった一人で孤独に堪えつつ生きつづけてきたという事実に対してである。

ある日突然に一切の情報を遮断された世界の中に生きなければならなくなったとき、その人を支えるものは、それまでの体験と記憶以外には何物もないが、私はそうした横井さんの姿に日本人の原型を見るような気がする。積極的に自己を主張することは少ないが、消極的に自己を守りつづけるもの、そして、しかも決して虚無的ではないものがある。つまり生きることと未来への期待を持ちつづけるものがあったと思う。

その期待を持たしめたものは、郷党と故国への信頼であったはずである。ひとり静かに待ちつづけるならば、かならず故国から迎えに来てくれるという期待がこの人の心を支え、その体験を生かしつつ、あらゆる工夫をして規律正しく生きついできたのであると思う。天皇、国家、軍隊、戦友、それらは横井さんの心を縛った枠であっただろうが、同時にそれを肯定し信頼することによって生きつづけてきたともいえる。

しかし、そのような信条は天皇制が生んだものではなく、天皇制以前の生活共同体が生んだものではなかろうかということを、別の事例で思ってみる。それは江戸時代に数多く見られた漂流談である。その中には無人島に漂着して、人住まぬ孤独な岩かげに一〇年、二〇年と生きつづけて、通りあわせた船に助けられたり、中には後から漂着した者と難破船を改造して故国にたどりついた者もある。この執拗な生命力と、日々の生活をきびしい自然にあわせつつ、自分のペースを守って取り乱すことなく生きつづけた人たちの生き方に私は驚嘆したのである。

この人たちは、決して英雄とか偉人とかいわれる人たちではなかった。だから社会復帰の後は目立たぬ所で平凡な日々をすごした者が多い。さきにグアム島から帰って来た皆川文蔵さんや伊藤正さんにしても、その後はきわめて平凡に目立たぬようにしておられる。おそらく新聞の記事を読んだときに、同年輩の、とくに戦争の体験を持った人たちの中に「自分だったらどうしただろう」とひそかに考えた人が多かったのではあるまいか。と同時に「今の自分なら駄目だろうが、終戦当時おなじような状況におかれたなら、あるいはそれに耐えることができたかもしれない」と思った人があっただろう。横井さんはそれを実践したのである。第三者から見れば残酷な実践であった。横井さんの中に横井さんを支えた無数のおなじような仲間の面影が生きていた。横井さんは、だから孤独ではなかったという。

これからそういう面影を少しずつ断ちきってゆかねばならないであろうが、あるいは断ちきれないものを持つことによって、横井さんなりに充実した、これからの日々を持つことができるのではないか。それはわれわれ平凡な人間の中にある非凡さを示したものとして、反省させられる。

私は横井さんの帰国を迎えて、日本人とはどういうものであるのかということを、もう一度考えなおして見たいと思う。

（「月刊エコノミスト」二四号、毎日新聞社、昭和四十七年三月）

自分の眼で見るということ

　三月末に学校教師をやめた。うかうかと日をすごしているうちに『瀬戸内海の研究』第一巻を纒めてからもう一八年もたっていて、その後の研究は一向すすんでいないことに気付いた。間もなく七十歳になるのだから、さきはそんなに長くない。そこで内海の調査にもう一度本気でとりくんで見たいと思って歩きはじめたのだが時期を失した。瀬戸内海文化の海洋性を見ていく上にもっとも重要なことは漁船の型を見ることだと思ったが、古い型の漁船があっという間に消えていった。それでもなお調査研究はつづけなければならぬ。

　日本民衆史も六冊書いただけで、あともう六冊残っている。これもなまけてしまっていた。見方、考え方に行きづまってのことである。一つの事実がある。それをどう見るかということになるとむずかしいものである。他人の見方を借りて見るのなら容易だが、自分自身の体験を通して見てゆかねばならぬ。ところがいつの間にか他人の書いたものなどに左右されてしまう。

　ある一人の人の見方がある。一応もっともらしく見えるけれども多くの見落しや見あやまりがある。それを訂正していくことに学問の発展があるのだが、私のようなものはそれを文献の操作によって見つけていくのではなく、人の生きざまを通して見てゆかねばならぬ。

最近瀬戸内海の小さい島へわたった。その島へは大学生が先生の指導によってよく調査に来る。その調査報告書が五、六冊も送られて来ているので見せてもらった。内容に精疎はあるがおなじようなことがかいてある。学生たちにはよい勉強になるだろうが、見方そのものには大した差異がない。しかしこの島の持つ問題はそこに書かれているようなことに尽きるわけではない。こういうところにも教育を通じ、文字を通じての画一化がおこっているのかと思った。

自分の眼で物を見るということのむずかしさを考えさせられるのである。体験をしなくても物を見、意見をのべる世の中が来つつある。


（「宮本常一著作集第一期二五巻内容見本」未来社、昭和五十二年八月）

宮沢賢治の亜流

宮沢賢治の「雨ニモマケズ」という詩はひどくすきで、終戦後「デクノボウ」という小さい同人誌を出していたことがある。いつの間にかしりすぼみになって消えていったのであるが、自分のことは勘定に入れないような仲間が集まって、いろいろの仕事をやってみたいと思っていた。

自分のことだけ一所懸命になって生きることもいいだろうが、どこかの片隅で息をひそめて生きている人も少なくはない。そういう人たちといっしょに歩いていくことも大切なことではないかと思った。慈善とか恩恵というようなものではない。自分自身すらがたえず誰かに助けをもとめたい気持でいる。そういうものが集まって肩を寄せあって生きていくことこそ、人が人を信頼する最初の段階ではないかと思った。

宮沢賢治の書物をよむようになったのはいつ頃であったかはっきりおぼえていないが、昭和の初頃のことであっただろう。その不思議な表現力に心をひかれて詩を読み、童話をよみ、全集が出ると買いとって読んだ。戦争の終ったあと、日本は荒れはてた感じであったが、野に生きている人びとの多くは決して暗く絶望してはいなかった。アメニモマケズ生きているという感を深くしたのであった。そういう者が手をたずさえて前向きになって歩いてゆけば、そこに新しい天地がひらけて来るとも考えた。失望しない、また怒りもしない。そして自分の足でしっかり大地を踏みしめながら歩いてゆく。そういう歩き方をしようとする若者たちもまた少なくなかった。

しかし昭和三十五年ごろから世の中の様子は大きくかわって来た。人びとが滔々として都市に集まるようになり、工業生産が異常な発展をとげる日が来ると素朴なロマンティシズムはいつの間にか影のうすいものになっていった。私自身すらが賢治の作品をよむこともなくなって二〇年という歳月を経て来ている。ではただ、「雨ニモマケズ」に見る素朴なヒロイズムとロマンティシズムにはまだ多分にひかれている。ではどうして賢治的なものを忘れていったのだろうか。一つには自分自身を凝集させる力を多分に失っていったためである。周囲のことに対して気が散りやすくなり、また周囲に集まっていた若い人も散っていった。

夢を大切にすることよりも、食うことの方に力をそそぐようになったといってもいい。

自己が自己を凝集し、主張し、自己の世界をきずきあげてゆくということと、デクノボウとよばれてほめられもせず苦にもされない人として生きてゆくということは本来一つのものであるが、実は容易なことではない。これを少しでも容易なものにしようとすれば、同類が仲間をつくることである。人がおちつかなくなり、自分がおちつかなくなったといっても、まだ多くの同類はいるものである。そういう者が手をとりあい初心を失わないように生きていくということは不可能ではない。

私に一人のすぐれた友がいる。高校を出て大学へゆきたかったが金がない。そこで東北のある農場に働いて入学資金をためて岩手大学の農学部に入った。そしてアルバイトをしながらそこを出たのだが、そのかたわらある山村に入って社会教育活動などにたずさわった。大学を卒業して、東京の大学の大学院で勉強し、その後東北山村の定時制高校の教師になった。高校は小学校の教室を間借りしていた。彼はそこで三〇人ほどの生徒を相手に他の先生たちと教育にあたった。そしてその高校に学ぶ者をふやしていった。そうすることが、そこに住む人たちを仕合せにする道だと考えた。そしてやがて全日制にした。村人たちの視野も広くなった。そうした中にあって、村人の真の相談相手になるためにはどのような生きざまを人びとに教え、また指し示すべきかを考えさせられた。そのことについて、今日までの日本の教育のあり方が正しいかどうかに疑問を持ち、伝手《つて》をもとめてアメリカにわたった。一年ほどで帰って来ると言って出ていったのだが、もう三年になるけれどもまだ帰って来ない。

私は彼に第二の宮沢賢治を期待した。第二の賢治であるためにはもっと豊富な知識と将来への見通しがなければならぬ。デクノボウとよばれても、それが単なる愚直を意味することはゆるされない。

しかしデクノボウは必要なのである。そのデクノボウは賢人であることを要求される。そしてデクノボウがどの地域にも一人や二人はいるようになることによって日本の地域社会にも将来への方向と明るさが見出されるようになるのではないかと思う。

彼もそのうちアメリカから帰って来るだろう。私は勤めをやめて自由の身になった。もう一度デクノボウクラブを作って見ようかと思っている。

（「ユリイカ」臨時増刊九巻一〇号、青土社、昭和五十二年九月）

療養ということ

私は若いとき貧しい生活をしていて肺結核にかかり、二年あまり郷里で療養したことがある。当時、結核にかかると大半の人が死んだのであるが、両親と姉の手厚い看病と、大阪の田舎で教えた子供たちが水垢離をとったり、断食したりして神に祈願などしてくれて、無事に危機をきりぬけ健康を恢復することができた。私のために献身してくれている人びとに対して、どんなことがあっても死んではならないと思って自分で守り得る摂生はした。

さて元気になって大阪へ出ていったとき、最初に親友の家へとめてもらった。親友は食物は一つの皿に盛って出し、それぞれの箸でそれをわけてたべた。そういうたべ方は二年間したことがなかった。療病中は、食器は別にして食事毎に熱湯に入れて消毒していた。病気がよくなってからも自分の家ではそれを通していた。ところが、友はもうよくなったのだからといって、そういうことにこだわらなかった。私の健康を世間的に最初にみとめてくれたのである。そういうことが生きるということへの自信を与えてくれる。

さて、この病気療養のために私の家では少なからぬ農地を売った。当時は長い病気になると、そのために財産を失う者は少なくなかった。だから再び病気にならないようにと冷水摩擦もすれば、食事の量などもきめて過食におちいらないようにした。ただ勤めの傍ら勉強の時間をとろうとすると、睡眠不足になることが多かった。それでも昭和二十年までは健康を維持することはできたが、戦災で家を焼かれたり、食料の不足勝ちな生活から、次第に健康がそこなわれ、再度発病を見た。昭和二十八年のことであったが、このときはストマイのおかげで命をひろったように思った。それにもましてうれしかったのは入院している患者がみんな明るくて、よく病室にあそびに来てくれて、お互にはげましあったことである。それは一つには入院患者の多くが生活にゆとりがあったことにも原因するかと思う。それまでに私の周囲には結核患者の友が多くいて、そういう人を見まいにゆくと多くの人が皆暗い顔をして寝ていた。病気のほかに貧しさが骨身をかんでいるという思いがしたものである。それが、周囲の人が明るいと私自身まで心が明るくなり、それによって病に対するおそれを少なくすることができる。

さて、この病のよくなった頃から身体全体の健康がそこなわれて来て、いろいろの病気をした。病気はしても自分のやっている研究だけは怠らなかった。私は当時瀬戸内海の文化史的な研究をすすめていた。そういうことは生活に張りをもたせることになり、それが生命を支えて来たといっていい。

しかし昭和四十年から大学へ勤めるようになって多忙のため、三度目結核で倒れた。このときは健康保険制度もできており、経済的なことでそれほど心配することもなかったし、病室にあっても読書と執筆はやめなかった。そして勤めている看護婦さんたちが実に親切であった。よく病室へやって来てくれたし、また入院している患者の何人かを紹介してくれて、その人たちとの交際がはじまった。

患者の中には建築家もおれば、大学の先生もいる、画家もいる、株屋の主人もいる、若い娘もいる。それらが同じ病気を病むということで、お互い様、いわゆる同病相あわれむという気持になる。そしていろいろの話しあいもする。それはまたよい勉強にもなる。そして健康をとり戻して退院するときは、みんなで玄関まで見送りに出て花束を贈ってお別れをする。退院した人たちはまた何回か見まいにも来てくれる。そこにおのずから病気社会のようなものが生れて来ていて、病気をたのしむというのではないが、安心して病気をしておられる気持になって来るのである。このような空気を作るのに看護婦たちは上手であったし、私はまたそうした中で健康をとり戻すことができた。ふりかえってみて病気したことが決して暗いものではなく、私にとっては得がたい休息であったと思っている。

それから十年、とにかく静かに老を迎えている。しかし研究だけはいつまでもつづき、前途なおはるかな思いである。考えてみると、暗い療病生活が今日のように明るくなって来たことが、私を今日まで生きのびさせたと思っている。すべての人が私のように仕合せな療養をしたわけではない。しかし、やすらかに療養できるような場を作ることをみんなで努力することが何よりも大切だと反省している。

（「看護」日本看護協会出版社、昭和五十二年十月。『看護への希《ねが》い63』昭和五十八年三月に再録）

生涯稽古

人間には完成ということはない。人間の長い歴史の中でわれわれが生きているのはほんのわずかであり、われわれの分担する仕事も全体から見れば微小なものにすぎない。

しかし、前代の文化を受け継ぎ、次代に引き継いでいくためには分担している部分を少しでも充実したものにしていかねばならぬ。そして自分たちで解決できないものは、次の世代の人たちに解決してもらうために、いつも問題の所在を明らかにしておかねばならぬ。

生きている間、われわれは前進することをやめてはいけないのである。そして生涯がよりよい未来を作るための稽古でなければならない。

（「青少年の座右銘　現代山口の百人」育英出版社、昭和五十二年十一月）

無駄な話

最近どこをあるいてみても、生活はゆたかになり、たべるものもよくなって来た。しかしどこへいってもおなじようなご馳走が出る。私は旅をしていて民家や知人の家へとめてもらうことが多いのだが、そこで出て来るものも相似ている。缶詰も多くなった。しかしそれだけではない。スーパーマーケットへいって野菜について見ていたら、北海道でも東北でも、高知県や宮崎県のものが来ているのである。なるほど今は野菜を作ることすら稀になって、スーパーで買うようになったのだとわかった。そこでこの夏はできるだけ農家の前栽《せんざい》に何が植えられているかを見てあるいたのだが、トマトは比較的多く見かけたけれど、ナスやウリやカボチャを作っている畑は少なかった。シソを植え、ゴマを植えるというようなことはほとんどなくなった。先日も新潟の山村を訪れて気のついたことだが、前栽へ植えた大豆が実がなっていないのである。トウモロコシも実のなっていないものが多い。植えても肥料すらやらないからであろう。百姓が野菜を作らなくなる傾向には気付いていたが、これほどひどいものになっているとは思わなかった。田舎でさえも何もかも買ってたべる生活がはじまったのである。

それだけではない、郷里へ帰ったとき石鹸を買いにいったら一個千円などというのを出す。五十円のでよいのですよといったら「冗談でしょう」と店の者がいぶかしがった。百円より安いのを買う者はいない。女たちなら五百円、千円のものを買うのが普通だという。薬屋へいって錠剤を買おうとしたら、「いまほとんどカプセル入りを買っています」という。どこを歩いても生活に金がかかって困るという。金がかかるというのはどういうことだろうかと思っていたが、そうした理由の一つはこんなところにもあるのではないかと思った。ぜいたくになったというよりも生活自体に計画性がないのかもわからない。

広島の山村をあるいていて、農家のおよそ三分の一ほどにピアノがあるのにおどろいた。子供にピアノをならわせているのかと思ったが、夜になってもピアノの音はきこえないのである。世の中が騒々しくなってきこえなくなったのかもわからないが、戦前におなじ村を夜通りすぎたことがある。どこの家からも木魚の音がして来た。みんな夕飯をすまして仏壇の前で念仏をとなえているのだなと思った。単調なようで、どこやら抑揚があった。しかし今はあまり鳴らすことのないピアノが家に据っているのである。せめてよいレコードでも買って、それをプレーヤーにかけてたのしむようなことはできないものであろうかと思ったものである。何やら大きな無駄をして、生活が苦しいと思い、田舎はつまらないと思っている人が多いのではないかと思う。質素にせよというのではない。もう少しバランスのとれた生活をできないものかと思うのである。私の周囲の若い仲間が田舎へ調査にいったことがある。かなり長い滞在の村落調査であった。男女の混合部隊だったので、村の若者が夜になると酒を持ってやって来て女たちに酒の相手をさせようとした。こちらは夜も仕事をしているので困りつつ相手をしていた。若者たちはそれまで夜になると町のバーへ酒を飲みにいっていた。そしてふざけた話をして来た。ところが調査隊の若者たちはどうも様子がちがうのである。もうけにもならない仕事にどうして熱中するのだろうか。なぜバーへも小料理屋へもゆかないのだろうかと疑うようになった。村の若者たちは「あいつらは人種がちがうのだ」と思った。自炊生活をし、割につつましい生活をしている。そういう生活を見ていて少しずつ反省するようになって来た。田舎には娯楽がないという。都会にはたしかにいろいろの遊びと遊び場がある。それではすべての人がそこへいっているかというに、そうしない人も多い。行かないからといって楽しみがないわけではない。何かを追いもとめて勉強しているものにはそれ自体がたのしいのである。

自己を成長させようとする努力をともなわない生活にはどうしても多くの無駄を必要とするようである。村の若者たちは少しずつ酒場へいかなくなった。いくまいと努力したのではなく、書物を読む機会がふえて来たのであった。

「よりよい生活をするために金をもうける。たのしい生活をするために金をもうける」そう考えている人が多いようだが、よりよい生活とは何であるかというとわからなくなって来るのである。おそらくはテレビなどで得た知識で自分なりによい生活のイメージを作って日常生活を組みたてているのであろうが、無駄の多い生活が逆にいろいろの欲求不満をよびおこしているのではないかと思う。せめて家のまわりの畑だけでもゆたかさをもつようにしてほしいものである。

（「国民生活」国民生活センター、昭和五十三年十一月）

騒音の世界

もう、五、六年前のことになるが、私は学生諸君と横浜市の北隅にある霧ガ丘というところで、縄文時代の遺跡を発掘したことがあった。そこは丘陵地帯で丘は畑、丘から谷へ下る斜面は林、谷は田で、一〇年前にはほんの少数の家が、斜面の林の中にあったという。

ところがそこへ高速道路が通じ、また住宅がふえてゆき、われわれの発掘したところも大きな住宅団地ができるので、その緊急調査をすることになったのである。私たちは丘の畑の土をはいで、その下に眠っている古代人の遺跡を掘りおこしていったのであるが、谷を一つへだてた向うの丘の中腹に東名高速道路が通じていて、自動車がひっきりなしに通る。その騒音が発掘している若者たちの心をいらだたせるのである。大型のトラックが通るときはその音がすごく大きい。すると若者たちは「馬鹿やろう」とどなりたてるのだが車の方はそんな声などきこえはしない。勇ましくいってしまうのである。

その丘の上で夏の間四〇日ほど作業をつづけたが、しまいにはなれて来たのか学生たちはあまりどならなくなった。なれるということは気にならなくなったのではない。仕事をおえて家へかえって来たらほんとにホッとして、自分の時間をとり戻したように思った。あの沿線に住んでいる人たちは私とおなじようにみないらいらしているのだろうか。いまそうした騒音のためにどれほど多くの人がいらいらし、苦労しているのだろうかと思うと空恐しいような気がした。騒音はきっと人びとに大きな圧迫感を与えているだろうと思ったからである。

騒音でなくても、われわれはいろいろの圧迫感を持っている。これは大分前のことであるが、長く勤めた総理大臣がやめて四、五日くらいたったときタクシーに乗ったら、運転士が陽気に鼻歌をうたってハンドルをあやつっている。運転士さん景気がよいねといったら「陽気にならずにいられますかい。総理大臣がやめて心の重《おも》しがとれたような気がしますよ。イヤな奴がいつまでも職にしがみついていると頭に来ますからね。私の会社ではあの男が大臣やっている間はいくつも交通事故をおこしましてね。あの男がやめたらとたんに事故がなくなった。今日で五日目、無事なんですよ。心が軽くなりましたから」と話してくれた。イヤな総理大臣がいると交通事故がふえるというのは交通事故だけの問題ではなくて、多くの人たちをイライラさせていろいろの事故や失敗を引きおこしているという事実を知った。

そのように心をイライラさせることでひきおこしている事故がいったいどれほどあるだろう。それが事故の直接の原因になっていないからよくわからないが、実に多くを誘発する因を作っているのではなかろうか。と同時に人びとはいま何かに追いたてられて日々を生きているように思えてならないのである。長尻の総理大臣ばかりではない、時には自分自身が自分を追いたてていることもあるのではないかと思う。

正月三日に私は岡山市西北の山中へいった。丘陵の上の農村である。都会におればアスファルトやコンクリートの道ばかり歩かされる。山の林の中の小道はまだ土の道で、そこをゆっくりとあるき、時には苔の上に腰をおろしてみた。こんなにおちついて、こんなに自分自身を取り戻してあるいたことは近頃なかったので、足のおもむくままに谷に下って田の畦をあるいたり、丘の上へ上ったりして半日ほどをあるきまわった。村里の中をあるき、アスファルトの道もあるいた。アスファルトの道は自動車がひっきりなしに通る。田の中に二人の女が働いているのを遠くから見て正月というのに感心だと思い立ち話でもして見たいと、その方へあるいていたら、自動車が一台私のそばをすりぬけていって、女たちの働いている近くへとまった。すると女たちは仕事をやめて、農具は田圃へおいたまま自動車へ乗った。自動車は女たちを迎えに来たのである。自動車は引きかえして村の方へいった。

ふと気がついてみると歩いている人など一人もいないのである。半日歩いて道をあるいている人に一人も出あわなかった。農村では人が歩かなくなった。みな自動車を利用するようになった。もう自然は親しみ楽しむところではなくなっているのである。それは私には大きなおどろきであった。

あるくということはそれほどおっくうなものなのだろうか。とにかく歩く人がいなくなってしまいつつある。それでは何かを追いもとめているために車を利用しているだろうかというと、その逆で、追いまくられているのである。

音をたてゆさぶりたてられていないとすまないような人生が、われわれの周囲に見られる。静寂の中にいることは次第にたえられなくなりつつある。

私は伊豆大島に小さい家を持っている。そこへゆくと心がおちつき、世のわずらわしさからぬけ出して自分をとり戻したような思いがする。そこへ若い娘を二人あそびにゆかせたことがある。戻って来ての感想をきいたら、夜があまり静かで、しかも暗くて、一人の方は泣き出してしまったというのである。静けさや暗さがむしろ人の心を圧迫するようになっているのである。せきたて、ゆさぶりたてることではじめて生き甲斐のようなものを覚えている人が多いのであろう。歩くことを欲しない人の心の底にもそうしたゆさぶりに似たものを求めているのではなかろうかと思った。

しかしそれでは、せきたてられながら生きている人がそうでない人たちの二倍も仕事をしているかというとどうもそうではないようである。むしろ多くのものを見落とし見失いつつ生きているように思う。そのために生きて来たことの印象が感動のない薄っぺらなものにならないようにしたいものである。

（「運輸と経済」三九巻三号、運輸調査局、昭和五十四年三月）

変らない夫婦の営み

各地を歩くと、昔も今も人の暮しに変化はないと思う。夫婦で働いていれば、喧嘩もし喚きもする。笑える人生ばかりじゃないが根本的に信頼してるから一緒にいるんです。

核家族だ、離婚だと騒がれても、それは氷山の一角。海の底は変りません。

（「マダム」一七八号、鎌倉書房、昭和五十四年四月）

古いものから新しいものへ

民話の会と言いますが、みなさん紳士でちょっととまどいます。私は地方を歩く時には出来るだけネクタイはしないようにして歩いております。そして、まだ百姓をしようという心を持っておる人達は、自分らの世界というものを守っているように思うんです。

この年になりましても出来るだけ百姓家へ泊めてもらおうと思ってやっております。そうしますと、いろんな事が出てきます。何故百姓をしているんだろうか、というとやっぱり百姓がいいからだと、百姓が面白いからだと。ということはみんな物が生きているんですね。何もかも生きているんです。その生きている物と一緒に仕事をする。

私の息子が今、一人故郷へ帰って去年から百姓をしているんです。で、この息子に嫁を貰いまして、嫁というのが私の教えた女の子で嫁というより娘のようなもんですな。おもちゃみたいな生活をしてまして、その生活を見ていると、生活そのものが実は童話なんです。来る日も来る日も山へ行って仕事をしている。そして何が一番楽しいのかっていうと、物が育っていく。それに驚きを感じておる。

実は親爺の私が精出してみんなに蜜柑を作ることを勧めまして、私の郷里の山口の大島という所は畑も田圃もみんな蜜柑になってしまったんです。

さて蜜柑になったら蜜柑の値が下がって、親爺の私は頭を抱えて、「いや、えらい事をしたもんだ。こうまでみんなに蜜柑を作らせるんじゃなかった」とこう言ったら、息子が何と言うかと思ったら「親爺が蜜柑を作ってくれた御陰で助かる」とこう言うんです。

蜜柑の木を伐って新しい苗木を植えかえると、その木が大きくなるまでどうしても最低六年かかるんです。えっちらおっちらそれをやらなきゃならない。ところが大きくなる木の枝をみんなぶった切りましてね、新しい品種を今年の夏、夫婦で五反ほど接いでおりました。五〇アールでございますね。そうしますとね、来年は実が成り始めるんでございます。台が出来ておりますとね、その上に新しいものがちゃんと育ってくる。そしてその木の持っておる生命力というものが受け継がれていく。受け継がれて新しくなっていくんです。「親爺こんなになった」と接いだところを見せてもらいました。

ところが、さて夏帰ってみましたら、毎日毎日暑いのに畑へ行って、今度は新しい芽に竹を立ててくくりつけ、秋の台風が来た時にせっかく新しく出た芽が欠けないように、それで支えをしておるんです。これも大変なことです。私は近いうちに郷里へちょっと帰って様子を見ようと思っています。

民話が育ってくるというのは、蜜柑を作るのとちっとも変わらない。みなさんが良い台木をもとにして、それに良い穂木を継いで本当に良い民話を作り出していただきたい。

ここにおられる人を誉めるのは大変心苦しいですが、松谷みよ子さんの『まちんと』というのを読みました時に、私は全く心を打たれたんです。あれは古い民話的な台木の上に、新しい民話を継ぎ木した良い例だと思います。私は死ぬまであの話を忘れないと思います。と同時に原爆の恐しさというものを、民話的な感覚で私の体の中に収めておこうと思います。最近『ぼうさまになったからす』が出ましたが、あれなんかもすばらしいですね。

実はね、私はからすは良く見てるんです。我々の子どもの頃には恐しいほどたくさんおったもんです。そのからすが、ある時期にずっと減ってきたんです。何故減ってきたのか。それは、坊さまになって死んだ人達の霊を弔ったのではなくて、ご承知のように農薬で死んじゃったんです。農薬がなくなったらまたからすが増えてきたんです。

しかし、からすがおった方がいいんです。何故かと言うと、もう此の頃、雑音ばかりになっておる。自動車の音とか、色々なものがありますよね。そういう時にからすの声は救いになるんです。

甚だ得体の知れない話をしましたが、まだ我々の周囲にそのまま民話の世界が生きておる。それを我々が新しい継ぎ木をして伸ばしていく。それがここに集まっておるみなさん方の一つの課題ではなかろうかと思います。

（「民話の手帖」民話の研究会、昭和五十四年四月）

人の縁

七〇年あまりも生きてくると実にいろいろの人におうた。そしてあうことによって私の人生のかえられてしまった例もある。

昭和六年頃であったと思う。私はからだを悪くしていて郷里で療養していたのであるが、退屈しのぎに購読していた「旅と伝説」という雑誌で昔話を募集していたので、母や祖父からきいた話をかきためて投稿してみた。期日はすぎていた。ところが募集者の柳田国男先生から手紙をいただいて、そういう話をもっと集めるように、さらに古老からいろいろ聞取りをするようにとすすめられた。その後先生からたびたび手紙やハガキをいただき、次第に民俗学という学問へのめりこんでいき、先生には特別に可愛がっていただいた印象がつよい。

先生にお目にかかったのは昭和九年であったが、学問の重要性を説かれて、本気になって民俗調査にあるくようになった。そして仲間の人たちと大阪民俗談話会を作って毎月集まりを持った。その会へ昭和十年四月に渋沢敬三先生がおいでになり、やがて渋沢先生のすすめでその主宰しておられる研究所アチック・ミューゼアムに入所したのは昭和十四年十月であった。私には青雲の志というようなものもなかったし、また特別の才能もなかった。きわめて平凡な農家の子であったのだが、そのおかげで骨おしみをするようなことはなかった。ただそれだけの人間でしかなかったのだが、そしてまた一つの学問を追いかけるようになって実に多くの人にあう機会を持った。そして教えられることが多かった。

その人たちの中で特に印象に残ることのある人びとのことを考えてみると、それぞれ生きている世界で、一つのことを熱心に追いつづけ、きずきあげていきつつある人であった。学校の先生であったり、役場の職員であったり、農民であったり、漁民であったり、いろいろであるが、それぞれの世界にじっくりと根をおろし、実に誠実に生きていた。兵庫県の山中で出逢った村長さんは時の農商務大臣が「あなたのような人を大臣にしてみたい」といったというが、まさに大臣の器であったと思う。この家を訪れるといつも「いらっしゃい」とは言わず「おかえりなさい」と挨拶された。するとこちらも「ただいま」と言って訪れねばならぬ。その家を立ち去るときも「いってまいります」でないと調子がわるい。実はそういう人たちが日本を支え育ててきたのだと思う。

昭和二十年に日本が戦敗れたときも、私は多くのすぐれた野の人たちのことを思いうかべて日本はかならず立ち直ることができるであろうと思った。そうした人たちに対する信頼が私をここまで歩きつづけきせたことにもなっている。実に多くのすぐれた人たちにあうことができたのを私は何よりもありがたく思っているが、私自身は周囲の人びとに対してどれほどのことをしてきたのであろうかと反省きせられることが多い。

（「国立社研通信」四一号、社会教育研修所、昭和五十四年十月）

子供に広場を

文明が急速にすすんでいくと、これまでの古い生活との間にいろいろの違和をおこす。そうした違和の中で最も大きな被害をうけているのは子供の世界ではないかと思う。

昭和三十年頃まで田舎を歩いているとどの村にも子供が道にあふれて遊んでいた。もとは道路は子供の最もよい遊び場であった。子供たちだけでなく、われわれにとっても、ぶらぶら歩くことのできる世界であった。それが急に自動車がふえはじめたのが、昭和三十五年頃からで、道は子供の遊び場ではなくなってしまった。日本の町や村には広場というものがほとんどない。せいぜいお宮の森くらいであるが、それも年々せばめられてきた。まして都会の場合はその遊び場がほとんどなくなってしまっている。それは道で遊んでいる子供をほとんど見かけないことによって察せられる。それでは子供はどこへいったのだろうか。

家の中でテレビを見て時をすごしている子供が意外なほど多い。そうでなければ塾通いが多いようだが、塾通いは中学へいくようになってからであろうから、小学生の間は自分の家だけが自分の世界ということになる。子供仲間が集まって広いところで遊ぶことによって社会的な秩序や法則や交友のあり方などについて学び、ひいては社会的連帯感も生まれてくるのであるが、今そうした機会を持つことはきわめて稀になってきたのではないかと思う。

いずれにしても、はつらつとしているべきはずの子供たちをよく家の中へ閉じこめてしまったと思う。子供自身、休みの日でも外へあまり遊びに出たがらない。たまに出るとすれば親たちについて出ていく。これは百貨店などへいくものが多いようで、電車の中には必ずといってよいほど親子が幾組か乗っている。それはそれなりにこのましいと思うのだが、親子のつながりだけが強くなっていくというのは、どうも異常な感じがする。親が眼をはなしていても、子供たちは子供たちの世界を持ってお互いの交流によって成長していくような場は作れないものであろうか。

機械文明というものはどうしても人間を片隅に押しやってしまうか、または人間を機械の意思に従わせてしまうような傾向を持つ。これを駆使するものは愉快であり、また自由をほこりたい気持ちになる。舗装された道をフルスピードで走っていくのは、その人にとっては大きな喜びであろう。しかし、そのために自分たちの生きる世界を狭くしている者も多いのであるが、わけても子供の世界を狭くしたり、ゆがめたりするようなことはできるだけ、さけるようにしたいものである。

文明は人間のためのものであり、さらにそれもわれわれだけでなく、これから後に育ってくる人たちのために、より大きく貢献しなければならないと思うからである。

道が交通路としてのみ利用されるようになると、それによって失われた子供たちの育つ広場の確保が、これから重要な問題になってくるのではなかろうか。

車に乗ることもいい、しかし歩くこともいい。ある高校で話をたのまれたとき、町をめぐる周囲の山々にのぼったことがあるかと聞いたら、ほんの少数が手をあげた。幼少の生活のあり方から大切なものを見失いはじめているのではないかと思った。

（「運転管理」一七三号、モビリティ文化出版、昭和五十五年二月）

そのとき田舎はもっと生き生きしたものに

①昭和二十年に私は大阪府へ勤めて食料需給、とくに生鮮食料の需給に奔走して食料に深い関心をもつようになったのであるが、そのとき一つの国家が健全に発達し、真に自立していくためには必要とする食料の七〇％以上は自給できるようでなければいけないと痛感した。爾来この考え方は変っていない。国際分業論も結構であるが、それぞれの国が武器を持ち、武器は自衛のためであると言っているかぎり、食料もまた自衛に耐えるだけのものを持つべきではないかと思っている。

しかしいま食料の自給力はいちじるしく失われている。輸入によってまかなわれているばかりでなく、生産にたずさわる人たちの年齢が高くなりすぎている。若い者の力が明日を作っていくのであって、老齢の者の中から、新しい明日は生れにくい。

②文明というものは無数の無駄を人間に強要するもののようである。たとえば通勤に二時間三時間かけることは大きな無駄であり、その無駄をさせるために、電車・自動車を走らせ、そのためまた多くの人力を必要とする。あるいはまた大きなビルを設備するために照明から冷温換気あらゆる装置をしなければならない。そしてそうしたことのために人は引きずりまわされ追いまわされているともいえるが、そうした世界からできるだけぬけ出して、自分で考え、自分で行動できる社会をとり戻していくようなことはできないものであろうか。

せめてものを自由に考える場だけでも残しておきたいものである。壁に仕切られた中でなく、もっと広い世界である。そしてそういう世界がこれからもっと大切にされてよいのではないかと思う。八十年代は人がもっと自由に物を考え、それの実践できる時代であってほしいと思う。

③静かに、自由に物を考える場としての田舎の再構成はできないものか。いま国内の観光旅行者の数は延べにして三億人に達するといわれるが、その多くは通りすぎの客である。旅さきで人と交流する機会はきわめて少ない。

八十年代は交流の時代であり、結合の時代であってほしいと思う。その場を作ることが必要である。それは単に国内だけの問題ではない。そして相手の必要とするものを与え合うことのできる世界を作りたい。そして田舎は老人たちだけの世界ではなく、若い者がそこで夢をのばし得るような世界でありたい。そのためにはもっと多くの学問の場や実験の場が用意されなければならない。そのとき田舎はもっと生き生きしたものになるであろう。
そしてそのような働きかけは世界の田舎に向ってもなさるべきものであろうと思う。世界中の田舎へ働きかけるためには、まず日本の田舎がしっかりしていなければならないのではないかと思う。

（「二十一世紀フォーラム会報」四号、二十一世紀フォーラム事務局、昭和五十五年三月）

農民・農村・農業

農地解放から農基法へ

——足弱な農民の犠牲

農民と農地関係の是正を　農地解放のおこなわれたとき、不在地主の土地所有が禁ぜられた。それはそのまま、よりつよく農民を土地に結びつけることになる。農民が村をでるためには土地を売っていかねばならぬ。土地を売らないとすればだれかがそこにのこって農業をつづけなければならぬ。それは農民の真の解放ではなく、いやおうなしに農民を身動きできなくすると思った。そこで私は新封建主義とよんで、農民と農地の関係の是正をみんなによびかけて見たがかえりみられなかった。その上分割相続制が、経営をいよいよ零細化し、したがって兼業化がすすんでいくことが予想せられた。

農地解放に対する本当の対策はちっともなされないで、ただ解放せられることに大きな危惧を感じたのである。農地が解放せられるからには土地改良とともに交換分合がなされ、また耕地の集団経営も考えられていいことだし、もっと大事なことは農業を企業的経営に高めるための対策がとられてよいはずであった。そしてまた当時そうした意味でのよい芽も一方にのびようとしていたのであるが、それを育てる政策はみられなかった。

米価安定に狂奔　一方農民は米価安定にのみ狂奔した。インフレーションがにぶって一応物価の安定したとき、農協がいたるところで大きな破綻をおこしたことはみんなの記憶にあるはずである。それらのほとんどが米作地帯であったことも。それが、しかも一年に一回しか収入のない零細経営の弱さから来たものであることは言うまでもなかったが、それの是正をすることなく、ただ米価の引きあげによって農家も農協も赤字を克服しようとしたことは決して問題を根本的に解決することにはならなかった。

幸いに豊作と農業技術の進歩によって今日までいちじるしい生産ののびがあり、農家の収入もふえてきたかにみえた。が、農林省の農家経済実態調査によると、農業収入は逆に減りつつある。それをカバーしているのが農外収入の増加である。農業経営合理化の根本対策がたてられないから、兼業によって農業収入の不足をおぎなおうとしているわけだが、だからといって農民が完全に農地をすてて転業することはできなかった。農からはなれれば永遠に土地をすてなければならない。そこで農業人口は減っても農家戸数は減らないという現象が生まれ、主婦農業や隠居農業が一般化しはじめたのである。これでは農民自身の力で農業をあたらしくすることはできない。

好況という報道のかげに　しかし農村指導者やマスコミは豊作による農村景気、農業の機械化、新しい経営の発展を説いて、農村はあたらしくなっていきつつあることを強調した。それも事実であろう。だがそれが全体の現象ではない。その逆の現象もあり得たのである。土地を細分して零細化しつつその土地を手ばなし得ないで兼業収入にたよる農家。それは一方で若干の耕地をもっているということで、不安定でしかも低賃金の職場にも就職する。それは農民としても賃労働者としてもたいへん不安定である。
農地解放にともなう矛盾とその根本対策のたてられてなかったことから当然くるであろうと考えられた一つの破綻が、一部先進農民の好況についての報道のかげにかくされてこんにちまでいたったことは、農民自体にとって決して幸福なことではなかった。

低下する投資能力　農業基本法がこうした矛盾の是正のために制定せられるものであるならば、もっと根本的に、現今の農業の持つ矛盾が追及せられなければならない。生産の基盤になる農地には限定がある。また農地の持つ生産力にも大きな限定がある。しかも生産をあげるためには設備に対する徹底的な投資がなされなければならぬ。現在の農地地形そのままではどうしようもない。稲作さえ天水農業から灌漑《かんがい》農業にまだじゅうぶんきりかえられてはいない。
しかも農村人口を減少させるならば、農民ひとりひとりの投資負担はいちじるしく重くなる。生産効果のあがるまで、その負担の痛苦に耐えうる農民がどれほどあるだろうか。このような現象は辺地ほどつよくなる。辺地のおくれは、交通不便で市場に遠かったことも大きい原因だが、現状では人口の少ないために国家の設備投資に対して地元がこれに対応する負担能力なく、したがって近代化の政策にすらのれなかったことにある。現状においてさえそうであるとするならば、人口減少の過程の中で地元の投資負担の能力はいよいよ低下する。負担に耐えうるものは救いあげられるであろうが、そうでない場合には切り捨てにならざるを得なくなる。言いかえると、近代化のための設備投資能力のない地域では、適正居住人口は零が正しい解答になりそうである。適正人口零のところへなおあえて人が住むとすれば、そこには永遠に救われがたい農民が居住することになる。

とにかく農業の企業化にともなう問題は実にむずかしい。私は農業基本法が足弱な農民の犠牲によって成功をおさめるようなことにならねばよいがと思っている。

（「中国新聞」昭和三十六年五月三十一日）

村の演劇

ちかごろ田舎の芝居の舞台が文化財として問題になりはじめた。この舞台は大てい草葺で、三方は壁になっており、前面は日頃は戸がしめられているけれども、芝居のおこなわれるときはとりはずし、そこが舞台になる。この舞台のまえに大きなテントを張って小屋がけすることもあり、時には野天のままで見物することもある。関東平野の神奈川県の山手から東京、埼玉、群馬へかけて、もとはずいぶんたくさんこの舞台があり、群馬には廻り舞台のついたものもあった。

関東ばかりではない。関西地方にも多くて、兵庫県の播磨地方には各地に見られたし、瀬戸内海の島々、山口県西部、大分県地方にも分布を見ている。そしてこの舞台に対して石垣で段々をつくった観覧席のあるものが、私の記憶するところでは小豆島と山口県大津郡にのこっている。ギリシャのように大規模ではないが、自然発生的におなじような構造のものが、日本の民間でもつくられていたことは興がふかい。このような劇場は丹念にさがせばもっとたくさんのこっているかも知れない。

さてこの舞台で演ぜられたものは歌舞伎が多かった。その歌舞伎も大ていは百姓芝居で日頃は農業をしているものが農閑期にたのまれるままに方々へ興業にあるいたのである。山口県豊浦郡の川棚というところは百姓歌舞伎の一つの中心をなし、皆芸も達者だったので、山口県ばかりでなく、大分県あたりまでまねかれていったようで、大分県中津近在の者が、これをまなんではじめたのが中津芝居である。大分には杵築《きつき》にもいくつか座があった。こうした座仲間は彼ら自身が演技したばかりでなく、村々の若者に請われるままに教えてまわりもした。おなじ百姓仲間であったから、教える方もならう方も気らくであった。だからどの村でも芝居の伝授をうけて地狂言をおこなったのである。

こうした芝居は一般には木戸銭をとらず、花をもらった。だからお芝居を見たいものは金がなくても見られたのだが、一方では志あるものがたくさんの金を花として出したのである。その花の披露は幕間を利用しておこなわれた。「幕内ながら花の御礼申しあげます。一つ金一封何々様より下さーる」という風によみあげていく。それをきいていると幕間も退屈しないものである。そういう花は出さなくても見物客が感激すると、演技中に紙にお金をつつんで舞台へ投げたり、タバコ、手拭、その他、何でも手あたり次第に投げたもので、今日のロカビリーのような具合であった。そしてすっかり感激すると口上の上手な男が舞台へ上って演技をしばらくとめさせて、あらゆる言辞をならべて身ぶりよろしくほめはじめる。すると観客はいよいよ湧きたって来る。それが一くぎり終ると、また演技がつづけられるのが普通であった。つまり演劇はまったく大衆のものであったから演技者も実に熱がこもった。こういう演劇はいまも多少のこっているようで、昭和三十一年に千葉県野田市のすぐ北にある川間村で村落調査をおこなったとき、今も年に一、二回お芝居をまねいて村の者が見るが、木戸銭はとらないで花によっていると言っていた。

どうもいろいろきいて見ると、農村では木戸銭をとるようになって演技者と観客が分離しはじめたという。と同時に観客もおとなしくなって来た。また地狂言などはやはり興行と見なされて大きな制限が加えられ、興行税もとられることになって農民自体の演劇は急激におとろえ、セミプロもまた育たなくなったのだが、私は「ぶどうの会」の皆さんがそのすぐれた劇を通じてだけでなく、人間的にも大衆と手をにぎって、その中にねむっている演劇心とでもいうべきもの—それは民衆エネルギーの爆発した一つの姿なのであるが—をゆりうごかし目ざめさせてもらえないものだろうかとときどきおもって見る。そのためにはあまりかしこくならないで、もっと人間的なくだらなさ、おろかさをも劇の中だけでなく、一般民衆に対しても許容していただきたいものだと思う。

（「ぶどうの会創立十五周年記念公演　夕鶴・二十二夜待ち」パンフレット、ぶどうの会、昭和三十七年五月）

佐渡の八珍柿

現代は人びとが思いのままに声をたてて物の言える時代である。本誌（「現代の眼」）をよんでも、それぞれの立場から、それぞれ発言している。そして、そういう文章をよんでいると、「なるほどそういう考え方もあるか」と教えられることも多いのであるが、私はまた別にだまって我が道をゆくというような人にも心をひかれる。

十一月三十日（昭和三十七年）から十二月五日まで、私は佐渡をあるいて来たのだが、この島の南端に近い羽茂の町で、八珍柿という柿をつくり、これを指導している杉田清氏にお目にかかれたのは、そうした意味での大きな収穫であった。杉田さんの履歴についてはくわしくは承らなかった。だが四年まえこの地を訪れたとき、八珍柿という、味も品質もすぐれた柿の栽培を指導している人のあることをきいた。農民たちのすべてが、その人の事を尊敬して話していた。

その人が杉田さんだったのである。お生まれは直江津付近だとのことだが、昭和の初めに佐渡にわたって農業指導をするようになった。そして、羽茂付近が柿の適地であるのを見て、より良質のものを栽培すれば、より効果的であろうと、昭和七年山形県から八珍柿の穂木一万五、〇〇〇本、苗木二、〇〇〇本を導入したのが事のおこりであるという。それが昭和十一年には六五〇箱が北海道へ送られるまでになった。

しかし、その後戦争のためにせっかく植えた柿も食料増産の名のもとに伐らなければならなくなったし、戦後は輸送困難のために市場確保が容易でなく、生産はのびなやんだ。しかし、杉田さんは必ず増産せられる日を信じて、輸送に多くの経費を必要としない採種事業にも手をそめた。佐渡は日本海上にあるけれども、対馬暖流のおかげで、冬は東京よりもあたたかい。それに、降水量が多くて土にしめりのなくなることがない。だから、冬の間に葉菜類はなおのびる力をもっている。したがって、春になっても草勢が旺盛で抽薹《ちゅうだい》も見事で、したがって収量は多い。そこでカブ、キャベツ、ネギ、ニンジン、ハクサイ、キュウリなどの採種が盛んにおこなわれ、それらの多くは京都のタキイ種苗と契約して出荷した。杉田さんはそうした中にあって、キャベツの一代交配種の栽培をすすめた。これは昭和三十三年からのことであったが、普通種に二倍三倍する収量をあげるものができ、そのため一代雑種キャベツの栽培面積はわずかの間に一〇数丁歩にのぼるにいたった。金額にして一千万円をこえるほどである。また、ユリの一代雑種をもつくり出した。ユリ根は連作すると病気にかかりやすくなり、収量がいちじるしくおちる。しかし、一代雑種は病気にかかりにくい。そのうえ収量の多いのが一般である。

杉田さんは、そうした品種改良を試験場のような設備のととのったところでなく、ありふれた畑で実験しつつ成功していったのである。同時にそのような技術を農民にも植えつけていった。そうした杉田さんにたいして、農民は心から感謝し、また信頼したのであるが、世の中がおちつき、輸送関係がよくなって来ても、柿の栽培面積はなかなかふえなかった。つまり、杉田さんの、ひたぶるな研究と指導そのものについては何びとも頭をさげ杉田さんが本土へでもかえりそうな気配があると、あわてて引とめにかかったのであるが、そのくせみんなで本気になって柿をつくろうという気持には容易になれなかった。米作地帯の農民は、往々にしてそのような性格をもっている。

ところが一反あたりの生産額について見ると、米ならば羽茂のあたりで二万九、〇〇〇円くらいになるが、柿は五万七、〇〇〇円になる。事実、柿をつくっている者の収入が目に見えてふえて来、また生活も向上するようになったので次第に柿を植えるものがふえはじめ、今日では町内で一五〇町歩をこえ、島内全部では三〇〇町歩にも達するにいたった。栽培面積がひろがるにつれて、共同出荷の体制もととのい、共同防除の施設もなされはじめ、さらに計画的に園地の開墾もおこなわれることになった。しかもそれは羽茂町内だけでなく周囲の町村も歩調をそろえるようになって来たのである。やがては佐渡全体が一体になって生産組織をつくることになるであろう。

杉田さんが佐渡へわたって来て三〇年になる。その間、ひたすら農民の幸福を祈って農業生産をあげるために努力して来た。そしていつも未来を信じて現実の苦難をのりこえて来た。そしてここ二、三年のうちにはすぐ五〇〇町歩をこえるまでの植栽を見るにいたるであろう。さらに、一〇年さきには、一、〇〇〇町歩をこえることも考えられる。その販路拡張の計画も今日すでになされつつある。綿密な計算のもとに。

日本の農民がこうした指導者によって生産の向上と協同の尊さを学びとったことは実に大きいのだが、この人びとは外に向って声をたてることがほとんどなかったために忘れられ勝になっている。

（「現代の眼」四巻二号、現代評論社、昭和三十八年二月）

百姓の泣きごと

家では息子に嫁をもらった。息子は役場に勤めていた。息子の嫁は百姓をしないことを条件にしてやって来たそうである。

ところが親の方は寄る年波に勝てないで、息子に役場をやめて百姓をしてくれというが、息子はきき入れない、嫁に手伝ってもらおうとしても約束がちがうと言って手伝わない。植付けだけは親の手ですまして後は何とか作ってくれというのを、息子夫婦はそっぽを向いて、田には草が稲の背丈をこえるほどのびて来たのである。

この話を東京へ戻って来て知人にしたら、「そんなのはまだいい方ですよ。私の知っている山梨県のある旧家の老夫婦は、横浜に出ている長男夫婦が年をとったら戻って来て百姓してくれるというので、先祖伝来の田を七十すぎまで作りつづけて来ました。ところが近頃は作男に来てくれるものもいない。仕方がないので婆さん相手にやっていたが、その婆さんは無理がたたって倒れてしまった。見まいに帰った息子に帰って来て百姓してくれるように頼んだが、嫁が帰りたがらぬからと言って横浜へ引返したのです。爺さんは婆さんの看病をしつつ百姓をつづけていたが、その婆さんも死んでしまってあとは一人になり、一人で生きるにはあまりさびしくて、首をくくって死んだということです」と話してくれた。極端な例のようにも思えるが実はそういう事例のふえていることを下野新聞で読んだことがある。

明るく、はなやかに世の中の文化は進み、百花の咲ききそうようなムードの中に世の中のひずみにはさまれて、こうしてあえぎつつ没落して行きつつある人も多い。この人たちの犠牲の上に今日の文化がきずかれていくのでは、人類に真の仕合せは来ないのではないかと思う。

農村の明るい生活

農村にも明るい話がないではない。しかし暗い話の方が多い。新聞が農村の前進について報じ、協業化、共同化に成功した事例を報じていることがある。そうした記事は大てい切り抜いて持っており、時にはそこをたずねていく事があるが、いって見ると事実とは違っている事が多い。むしろ四苦八苦で崩壊の一歩手前であるものが少なくない。何とかならないものかと思うが何ともならないので、そこにはいろいろの無理がひそんでいたのである。

こうした経営に農協などがもっと真剣に手を貸してくれないものかと思うが、そんな事をしていたらこちらがつぶれますと笑った岡山県山中の組合長がいた。

農協を合併して経済的な基礎をかため、足弱な農民をたすけて行けるようにしてくれるとありがたいと思うが、近頃は政府なみに経済的効果をやかましく言って、力なき者は切り捨てにあうことが多いようである。

「あなたはひどく貧乏人の肩を持ちますが、今は行き倒れや乞食は居なくなりましたからね。それほど困っては居ませんよ」と達観した小学校の校長さんに逢ったことがある。佐渡での事である。「昔はもっと悲惨でした。何か仕事はないかと、若い者三人が両津の町へ仕事を見つけにいった。一日あるいてたった一軒薪を割ってくれという家があった。それも一人で出来る仕事で、あとの二人はなにもしないで弁当だけ食べて戻って来た。昔はそんな有様だったのですよ。いまはそれに較べればずい分楽になりました」とその人は話してくれた。事実その通りであろう。全体として見ればよくなっていると言える。だが農村以外の生活はもっと向上しているのである。

「百姓の去年」 さて私はとりとめもない事を書いてきた。とりとめもなく書くのが目的ではなかった。このような話は私一人がきいているのではなく、多くの人がきいているはずである。農民は愚痴っぽく、またよく泣きごとを言う。「百姓の去年」ということわざがあって、今年は不作であったと泣きごとを言いいつつ、さて去年のことになると、「去年はよかった」というものだそうだ。今年がよくてもわるいというのが口癖のものだという。私が言って見たかったのは、いつまでたっても百姓に泣きごとを言わせる世の中のひずみを何とかしてなくしたいものだ、ということである。その努力がもっとむくいられるような世の中をつくりたいものである。農民は今日までいつも何かの不安におびえて来た。いまもおびえている。それをぬぐい去る日、泣きごともきえるのではないかと思う。

（「全共連月報」一八四号、全国共済農業協同組合連合会、昭和三十九年四月）

農民に勇気を

近頃、新聞・ラジオ・テレビのすべてが、農村の行きづまり、出稼ぎなどについて報じているが、それらはもう少し農民たちを勇気づけるように取あつかえないものか。地方にとどまり郷里を守ろうとする者をさえ気を滅入らせ浮腰にさせてしまう。自分たちのふるさとをこれほどまでに希望なきものにしてしまわれた時代が今までにあっただろうか。いやおうなしに周囲からそうされてしまいつつあるように思う。はたして農村の将来は希望のないものかどうか。利用価値のとぼしい世界なのかどうか。そういうことについて、正しく検討せられているであろうか。みんな、少しお調子にのりすぎて物を言ってはいないだろうか。そして、それが多くの人びとに不幸を与えることになってはいないだろうか。私は農村と農業の将来について、決して暗いものではないと思う。新しい眼で見、あたらしい方法で道をもとめるならば、都市よりもむしろ利用価値は大きいように思われる。それだけではない。土にしたしんで生きてきたものには、根のはえたようなねばりと底力のあるものだ。この人たちを無気力にしてはならない。

（「月刊福祉」全国社会福祉協議会、昭和四十一年一月号）

米は安い

私はいま病院に入院している。そしてご飯を食べるたびに、しみじみご飯がまずいと思う。こういうまずい米をたべさせられて市民がだまっているのが不思議である。とくにまずいような日の米を見ると、長粒米が実に多くまざっている。うまい内地米にまずい外米をまぜて、わざわざまずくしてたべさせているのである。うまい米はうまい米で食べさせる方法はないものか。うまい米をこんなにまずくしてたべさせられることに、農民の方は憤りをおぼえないのであろうかどうか。

地方を歩いて農家へとめてもらうと米の飯がうまい。そのうまい米をなぜそのまま都会へ持ってこられないのか。米は商品である。商品は品質のよさをきそい、ほこるものである。そのためにトレードマークがある。しかし米にはトレードマークがない。トレードマークのない商品は米だけではないかと思う。戦前は米屋に「加賀米」「備後米」などと産地、すなわちトレードマークにあたるものが表示してあった。と同時に、それぞれの土他の農民は品質のよい米をつくることに誇りをもち、それがまた農民の誇りでもあった。いまその誇りを剝ぎとられてしまった。それが農民の自信を失い、農への愛着を失う大きな動機にもなっている。ミカンにしろ、ブドウにしろ、野菜にしろ、それぞれ産地のマークがあり、その誇りのもとに懸命になって生産にはげんでいる。そしてそれがつぎつぎに合理的な経営を生み出している。しかし稲作農民にはそれが少ない。生産の量をきそうだけで質は問題にされず、トレードマークもない。農民はたんなる米の生産機械になり下がっている。若い者が農をきらうのは当然である。

そのうえ米価が安い。私は江戸時代以来の物価の動きについて注意しているが、昭和三十年ころまでは大たい米価の動きが、他の物価をもきめていたようである。たとえば、江戸時代も明治時代も大正時代も労賃そのものに差はあっても、労賃をきめた米の量には差はなかった。江戸時代でも百姓の一日の賃は米二升、女一升、ただし田植えの時の早乙女は三升、大工は三升ないし四升、左官は五升、という風に。そしてそれを金になおしたものがそのときの賃金であった。賃金だけてはなく、一般の物価もそうであった。木綿の着物なら一反が二〜三升、銘仙で五升、つむぎで一斗というような相場があって、どこでもほぼそれで通っていた。そしてこの基本的なものはながい間ほとんどくるっていなかった。

それが昭和三十年ころから米の豊作の連続の声で農民が有頂天になっている間に、くるってしまったのである。いま米二升で買えるユカタなどどこにもない。バーゲンセールでもさがしてあるけば別だが米四升で仕事に来てくれる大工なんか東京では考えられもせぬことになった。仕事の能率がむかしにくらべて二倍、三倍になったわけではない。明治、大正時代になかったような商品と米価との対比はできないが、明治以来存在していた商品とくらべて見て、米の換貨比を上まわっている。わずかに鉄道運賃が大正時代以来だいたい米価と並行しているのみである。

米価を高くすると安い外米を入れるぞとおどすけれども、外米を安く入れていただいても、それを内地米とまぜないで、そのまま売っていただくのならいいと思う。大正時代の米価の暴騰したとき、米騒動がおこって多量の外米を輸入したけれども、大正十年まで米価は上がりつづけた。その後、台湾や朝鮮の米を改良して移入するようになって、昭和六年ころには最高価格の六分の一くらいまで下がるが、そのころは他の物価も軒なみに値下がりで、これは外地米移入の圧迫だけで下がったのではなくて、他の物価の下落と並行していたのである。私は大衆米も高級米もあっていいと思う。そうすればうまい良質の米をつくることに誇りをもって全力をあげられる。もとよりトレードマークをはっきりさせなければいけない。そしてよい米はもっと高くていい。一方に安いものがあると高い商品が圧迫せられるというようなものではない。戦後麦の値は実に安く押えられたが、その麦をたべる者はほとんどなくなった。「貧乏人はムギを食え」といった総理大臣がいたが、みなうまい米の方へ手をのばしていった。

農民がトレードマークを失ったことから外米の輸入におびえるようになったけれども、トレードマークをもっておれば、今日のような自信の喪失はなかったはずである。そしてわが道をゆく気概もあったはずである。

私のいっているのは農本主義ではない。資本主義の原則をいっているまでである。小麦のようにパン加工してから食膳にのぼすものと、米のように米粒のまま食膳にのぼすものとは、その取り扱いがおのずから別でなければならぬ。農民がたんなる米の生産機械にせられてしまったことに、今日の農村の崩壊、農民の誇りと自信喪失の悲劇の原因がある。合理化や機械化で問題が解決するものではない。今日の農業および農村政策は完全な人間疎外から出発しているものであり、この人道的な問題がまず取りあげられない限り、どのように農業が合理化されようとも、それは今日の米作農民の意志と自負をふみにじってのことで、トレードマークをもつ商業的農業のごとく、農民の意欲の内発的高まりによる経営の合理化と生産の向上、市場参加の姿勢は生まれてこないだろう。

（「全国農業新聞」全国農業会議所、昭和四十二年六月二十三日）

過疎を考える　——明日の農山村

荒れはてていく山林原野の資源　四十三年五月末の晴れた日、私は隠岐へ行くために東京から米子へ飛行機に乗った。空から見るといろいろのことを教えられる。長い間徒歩の旅をしてきたおかげでどこの上を飛んでいるのかわかるばかりでなく自分の歩いた道を見かけることも多い。そうした感慨の中で、私を一番驚かしたのは山に大きな木が茂っているところを見かけなくなったことである。

京都から西、但馬のあたりへ行くと山は全く明るい。金になるような木は伐り尽くしている。山間の村々は半ば山林に依存し、半ば田畑の耕作に依存していた。その山林の方の資源が枯れてしまっている。これでは山中にふみとどまろうとしてもふみとどまりようがないのである。小さい雑木なら炭に焼く以外に利用法はほとんどないが、その木炭の需要がまるでなくなった。木のない山はわびしいものである。観光地にもならない。過疎というのは起こるべくして起こった現象であると言っていい。この山をにぎやかにするには時間と資本がかかりすぎる。

ところで、明るく木のない山村の道はそれが木立ちにおおわれることなくつづいているが、その道が瀬戸内海と日本海をつないでいるものには自動車の往来が見られる。そしてその道に沿うて工場の建設せられつつあるのを見かける。交通量の多い道ならば、そこへ工場の進出もあるのだということを、このささやかな事実が示してくれる。さびれゆきつつある村はたいてい行き詰まりの谷奥に多い。そういうことも上から見ればよくわかる。人もこないし、自分たちだけで住むにはわびしすぎる。といって他所《よそ》人をひきつける何ものもない。

しかし土地の利用法はいろいろあるだろうと思ってみる。こういう山を牧野改良すれば、相当数の牛が飼えるのではないかと思ってみたり、ところによっては大々的に手を加えて避暑地やスキー場にすることが出来るのではないか、と思う。

都市と結ばれる緑を見直したい　若狭湾から西、鳥取県の海岸一帯へこの夏は百五十万を越える海水浴客がおしかけ、それらの多くは民宿を利用したといわれているが、山陰海岸の村はそのため活気を呈し始めたところが多い。交通が便利になったために、都会といなかの関係はこれからかえって密接になってくるのではないかと思う。都会の人といっても、もとはいなかから出てきた人であり、いなかとの縁が切れてしまっていない人が多い。郷里との交通が便利であれば、郷里へも家をつくっておきたい、と思う人は少なくない。近江商人を見ると、東京・大阪で活躍しつつ、ふるさとにも家を持っている両棲的生活をしているものは少なくない。

都市が異常な過密現象を起こすにつれて、その息苦しさからのがれるために、単なる観光旅行をするのではなく、一定の土地に何日間かをのどかに過ごしたいと希望するものはふえつつある。そのとき農山村はもう一度検討されることになるであろう。

しかし、そのためには新しい農村づくりが必要になる。三戸五戸の谷間の村が、そこで暮らしつづけていくにはよほどよい条件がなければならぬが、それがない場合は、どこかもっと条件のよいところに散在する家々を集めて、立派な農村計画を立てた村づくりがなされていいのではないかと思う。そこを中心にして、そこに近いところに散在するのならよい。

牧場化やレクリエーションまで　人が集まってくれれば労働力の結集も出来、いろいろの生産計画も立てられる。それには広い山地の利用がもう一度真剣に考えられてよい。杉やパルプ材の植林もよいだろうが、牧場化出来るところはそのように利用してみるべきであろう。日本の山地には牧場がなさすぎる。

さらに山地が都市人のレクリエーションのために利用されるように工夫されてよいのではなかろうか。それにはスキーや避暑ばかりでなく、クリ、クルミ、そのほかのツリークロップ（樹木作物）の植栽により、その実を拾うことをレクリエーションの一つに加えてもよい。検討してゆけばいろいろのものがあるはずである。

昨年の十一月二十五日、私は広島から東京まで飛行機で飛んだ。その日も晴れていた。飛行機はほとんど人口稠密《ちょうみつ》地帯の上を行く。そこには家が満ちあふれ、しかもただそこに集まり住んでいるというにすぎない。住み方の工夫も、面白さも上からは見いだせない。そこに住む人たちが休暇を利用して旅をしたがる理由もわかるような気がするのであるが、有名観光地を除いて、一般の山地はその満ちあふれた人たちを受け入れるための工夫をほとんどしていない、という感を深くするのである。

理想としては、観光客をただ受け入れるだけでなく、その人たちの英知を利用して、地域開発に一役買ってもらうようにすることも、都市と地方を密接に結ぶ契機になるのではないかと思う。

（「中国新聞」昭和四十四年一月二十四日。ほかに「信濃毎日」「熊本日々」「山形新聞」に掲載）

古老たち　――先生はどこにでも・私の場合

百姓の子に生まれて十六歳になるまでは百姓をして来た。それから大阪や東京で生活することになったのだが、村をあるくことが多く、農家へとまったり手伝ったりの旅が多かった。昭和二十年、大阪で戦災にあってから郷里での生活が多くなり、いまも年々郷里へかえることが多い。つまり都会の人にはついになりきれないで今日にいたっているのである。いわば半分は農村に足をかけ、半分は都会に足をかけての生活が今日までつづいたのであるが、私自身はついに都会人にはなりきれないで生涯をおわりそうである。その間に一般農村もかわり、ふるさともかわったように見えるのであるけれども、私の周囲の人たちは年老いて来つつも昔のままの百姓生活をしている。

農民の生活はいつまでたっても厳しい。土を相手、天気を相手の日々であれば、生産にしても決して年々一定していない。農産物の価格にしても、米をのぞいてはみな不安定である。このごろ店屋で売られている器具も食料品も、すべてその価格は売る方がきめてしまって、価格が上ったり下ったりすることはない。むしろジリジリとあげているのだが、百姓のつくったものは、野菜でも果物でも価格が安定しない。しかも少し豊作だとすぐ値が下がる。そういう生活をずっとつづけているのが農民なのである。私はそういう人たちを相手にして来た。百姓が百姓生活にあいそをつかして来るようになったのも、そういう不安定が原因している。

しかしそういう生活をしながらもじっくりと大地に足をつけてその人生を歩みつづけている人が少なくない。私の父などもその一人であった。若いとき、明治二十八年であったがフィジー島へ出稼ぎにいって病気になってもどって来た。まずしい家をおこすための出稼ぎであったが、困ってしまえば郷里にかえらなければならない。郷里が健全であることが何よりも大切であると考えた父は、それから郷里に腰をすえて養蚕をはじめ、さらにミカンの栽培に力をそそぎ、それも自分一人が金持ちになるのではなくて、ふるさとの人全体がしあわせになるようにと生涯をかけて来た。

そういう人は父一人ではなく、地方をあるいて見るとどこにもいた。いまもいるのである。そしてそれがふるさとを支えて来ていたといっていい。

私はそういう人たちに、かぎりなく心をひかれて来た。そういう人たちのいる世界がすきであった。しかしだんだん減っていくようである。一人ひとりがそれぞれ自分だけのことを考えて暮していくのもいいのかもわからない。あるいはまた、政治問題に嘴を入れるのが、正義なのかもわからない。が、どこにいても自分たちの働きが正しく評価せられるような世の中をつくることに努力することですくなくも自分の属する社会が健全であるような努力が、もっと大切ではないかと、古老たちの生きて来た道をおもうたびに考えさせられるのである。

いまその人たちの声は、次第に消されつつあるように思う。国全体が生き生きして来るためには、単に設備をととのえるだけではどうにもならない。みんなの心が前向きになって、人を信頼しあわなければならない。そういうことを、私は多くの百姓たちに教えられた。生きてゆくということは、そういうことからはじめられるのではないかと思う。そして私は、いつまでも村の先覚者たちの心を心として、生きてゆきたいと思う。


（「婦人之友」六四巻一号、婦人之友社、昭和四十五年一月）

ふるさとブームの裏

農村の崩壊がはじまって、第一次産業を主としている村々は潮のひくごとく村人の離村がはじまり、最近では無人になった部落も見かけるようになった。中には何百年というほど住みついていた村さえ立ちくされてゆきつつあるものがある。廃村の歴史は今にはじまったものではない。

生活に困って出てゆく者もあるが、ダムができるために立ちのきを命ぜられて廃村になったものも少なくない。そういうところははじめから人の住むのには苦労の多いところであったのだから、出ていくことがかえってよいようにも思うが、それならそれで新しい落着き先を世話して出てゆかせるのならよいけれど、金だけやって自分で処理するようにさせている。何ともやりきれない話である、

私はそうしたダムに沈む村をいくつか調査して来た。長く住みついた家も、はじめは薪として多少金にもなったようだが、近頃は金になるどころか、金を出さねば解体することもできなくなったという。そうした家の中には手垢によごれた家具や百姓道具などがある。大きくて処分しきれないものはたいてい焼きすてて出てゆく。何とかして保存しておきたいが、それもできないことが多い。そこで、そこに住んだ人はどのような仕事をし、どのような着物を着、どのようなものをたべて生活して来たかを、できるだけ丹

念に記録することにして、何冊かの調査報告書を書いた。

しかし、われわれが調査したあと、たいてい骨董屋がやって来て家具だの陶器だの古着だののめぼしいものを買いあさってゆくそうである。無代《ただ》同様に買いとったものが東京あたりの百貨店で高値で売られている。最近ではダム水没地ばかりでなく、過疎の村々を買いあさっている骨董屋は多い。骨董屋ばかりではない。かなりの資本を持った者が、売薬行商人を使ったり、郵便配達夫を使って古道具を買いあさりはじめたという。何ともおどろき入ったことである。

そういうものの売れるのはふるさとブームのためだという。ふるさとの崩壊することには目をそむけて、そこから出て来る古道具を買ってたのしむというのは残酷な話である。

近頃ではまたその民具を地方にとどめて博物館をつくろうとする気運も生じ、私などもそれには協力して、方々に博物館をつくるお手伝いをして来た。それはそれなりの効果もあって、老人たちが参加して村全体が蒐集にあたっているようなところでは活気があり、それに主婦や若い者も協力して効果をあげているところも少なくない。そういう運動を通じて村を見直す気運がおこって来るとありがたいのだが、そういう村はかぞえるほどしかない。金にならぬような仕事をしてもどうにもならないではないか、と言っている自治担当者も多い。すべて金、金、金である。

ところが最近県立の郷土博物館とか歴史民俗資料館とかいったものの計画が進められ、かなり大規模な古道具の蒐集がはじめられた。これはほとんどただでもらってゆこうとするもので、その集め方がかなり問題になっているようだが、その不評の虚をついたのであろうか、そういうところではトラックを持って買いあさりにあるく骨董業者が急にふえて来たという話を方々で聞く。村の崩壊につけこんで、それに拍車をかけるようなことがおこなわれているのはやりきれない話である。

もっと徹底しているのは、古道具をあつめて国の重要民俗資料に指定してもらい、その資料館を国鉄の観光コースに指定させて商売繁昌している業者もあるという。

土地の異常な値上りが、農業の近代化をはばんでしまった。経営拡大しようにもできなくなってしまった。やがてすべての農家が兼業化して専業農家はなくなっていくだろう。そして兼業農家が少しずつ、脱農の方向をたどる。脱農しても新しい職業による繁栄があればまだよい。しかしふるさとを捨てねばならぬ人びとのすべてがよりよい生活への道を見つけるための離村とはきまっていない。兼業農家というのは、農業外の収入だけでは食えないから兼業しているのであって、きわめて不安定なものである。

ふるさとブームというのは、いわば村の崩壊過程にあらわれた古道具の買いあさりと、そういうものを売りさばくための手段としてとられているコマーシャリズムが生み出したもので、ふるさとの喪失したときには消えていってしまうもののように思う。

しかし一方にはふるさとへの回帰を求めている者も多い。だが回帰したくても土地の入手がむずかしいために回帰できない者も少なくないと聞く。大資本の土地買い漁りが、一般民衆の意志を大きく阻害しているという。

（「文藝春秋」五〇巻一〇号、文芸春秋社、昭和四十七年八月）

地域生活社会の意義

この一〇年ほどの間に古い農村の大半が解体してしまって、村落共同体の姿をとどめているものは何ほどもなくなった。たとえばユイとよばれる労働交換のおこなわれているところがどれほどのこっているであろうか。共有山が地元の人たちの生活の支えになっているところがどれほどあるだろうか。台風などの災害のあと、すぐ村人が出て復旧のために共同して、働いているところがどれほどあるだろうか。

村落共同体の解体は村民の職業分化からはじまっていった。昔は村と農村が同義語であった。村に住む者の大半が農民であった。しかしいま、村に住む者の職業は分化し、一戸一戸の収入を見ると農業収入よりも農外収入の多くなっている家が大半である。村人たちは農業によって生活をたてているものはきわめて少なくなっている。にもかかわらず、その人たちも第二種兼業として農民の中にくり入れて規定しているのが今日の村である。第二種兼業は農業をいとなんでいるといっても農民とは言えないはずである。それは他の職業についても言えることで、収入のもっとも多いのが生業となっており、それ以外は余業としてほとんど統計のうちにのぼって来ない。そしてそういう社会では一つの地域に住んでいるということで地域共同体的な意味を持つけれども、生産および生活共同体としての機能はほとんど果さなくなっている。

それは「個人は自由である」ということばと裏腹をなしていて、むしろ隣に他人が住んでいるということを迷惑であるという考え方を持っている。都会では二階建の家の二階は後の家に対して眼かくしの装置をしているものが多い。覗見にならないようにとの配慮からであるが、最近きいた話では前の家が二階をのせたので、後の家が「眼かくしをしてくれ」と言ったら、「私の家は眼かくしをしない方がいい。見られるのがイヤなら自分で勝手に遮蔽したらよいだろう」と言われたという。そしてそういう風潮が次第に一般的なものになりつつある。カーテンの発達はそれを物語るものであろう。

しかし人間の仕合せは家庭の中だけで守れるものではない。むしろ外に健全な社会があることによって守られるものである。自分および自分の家をとりまく環境のゆたかさが、自分の家をゆたかにする。たとえそこに住む人たちの職業がまちまちであるとしても同一の地域に住むということによって生活上の利害あるいは秩序の一致することは多い。そしてそれらを守ろうとすることによって地域社会の連帯意識は強められて来る。都市に於ける地域社会連帯意識は今日では公害排除のような運動を通じて強まりつつあるが、それはさらにその地域社会をより住みやすくするための積極的な運動にまで高められるべきものでなければならぬと思う。個人が個人の生活だけを守ろうとするとき、多くの場合その環境は荒廃してゆくものである。その荒廃を防ぐためには、まず地域社会の持っているもろもろの問題をあばき出して考えて見なければならぬ。

大人同志が話しあえる場、子供の遊び場、子供たちの仲間遊びのできる雰囲気、地域社会をよりよくしていくことのできる可能性の開発、隣接地域社会との交流、あるいは年令・性別・職業別による連携交流など、問題はきわめて多いはずである。そしてしかもそういうことについてお互いが考えてみなければならないほど、人間の持つ自由時間がふえ、生産のための拘束時間が減少しつつある。

自由時間をどのようにすごしていくかということが、これからの大きな課題になってゆくはずで、それには自由時間をすごす場を自分の居住地のきわめて近いところに持つ工夫からはじめなければならない。生活の場としての地域社会の健全な開発が、これから大きく問題になって来るであろう。

（「住民活動」No.一、新生活運動協会、昭和四十七年十二月）

農村と文化

1　古いよい村

これまでの村の中には、村人が集まって話しあったり楽しんだりするような場所がいくつもあった。神社、庵、辻、広場、若者宿などがそういうものであった。そこは情報交換の場でもあったところが古い信仰がうすれ、村落共同体が解体し、村人を結合し、交際の場であった道は車の通るところとなって村の生活を分断していった。そうした中にあっても、古い生活を比較的くずさないで心ゆたかな生活をしている村がある。広島県神石郡豊松村などはその一つであろう。村祭、荒神祭、村祈禱など古い行事の中におたがいの心のゆたかな結びつきと、その生活を楽しんでいる姿が見られる。村人たちも見知らぬわれわれに挨拶してくれる村である。このような生活を生み出してくるまでに、この地の人たちは大へんな努力をしてきた。よい牛を飼い、こんにゃくを作り、そういうものを生活の基礎にしてきたのである。そこには単に努力だけでなく、その村をりっぱにしてゆこうとする、いろいろの工夫があった。そういう古いよい村をもういちどふりかえってみることが大切ではなかろうか。

2 若者よ村に住もう

岩手県北上山中に山形村という村がある。岩手県のチベットなどといわれたところである。この村の進歩発展のためにいろいろ協力しようとする人たちが「山村友の会」を作って、二〇年もまえから文化活動をつづけてきた。その中のひとり角谷晋次氏はその村に住み、そこの人たちと生活する以外に真の村づくりの道はないと考えて、定時制高校の先生としてこの村に住みついた。この村の子供たちの進学率はもときわめて低かったのだが、家々の親たちに子供の進学を説き、この地の定時制高校は年々発展している。と同時に、村の中に文化的な施設を作っていくことが、地方振興にもっとも大きな力になると考えて、そういう運動をおこし、また毎年夏になると、村外から講師をまねいて夏季講座などをひらき、そこに住む人たちが、その地にもまた人が住む上の高い価値と将来に対する夢のあることを知らしめてきた。その実践活動は実に地道なものである。しかしその中から明日の農村が芽生えてくるであろう。

3 村の主体性をうちたてる—宿根木の文化開発

新潟県佐渡島の宿根木というところは、古くは多くの廻船業者がおり、佐渡の富の半分はここに集まっているといわれたこともあったが、廻船の衰微とともにおとろえて出稼ぎの村となり、老人と女と子供だけが目につくようになった。その子供の数も減って、村にあった小学校は小木の町にある小学校に統合された。空家になった校舎は多くは工場誘致と称して下請工場などに利用されているが、ここではその建物を民俗博物館にすることにした。しかし陳列すべき何ものもなかった。そこで公民館主事の中堀均さんと公民館長だった林道明氏が先頭に立って、家々の中にいまは使用することのなくなった道具類の死蔵されているのをもらいうけて、ここにおさめ、またそれらの道具類の名まえ、利用法、つくり方、産地などもしらべていった。するとこのさびれはてている村が、古くは瀬戸内海などと深い関係をもち、その文化の流入していることもわかり、また佐渡から輸出された石造文化などのこともわかり、あるいは古い造船地として造船法などもわかってきた。そういう先人のかがやかしい足跡をふりかえることで、この地の人たちは次第に自信をとり戻し、観光開発にしても資本家の言いなりになるのではなく、住民の主体的な開発をしようとする気運も高まってきた。そして周囲からさそう甘い声に耳をかさないで、独自の開発計画をすすめつつある。すると、それに協力しようとする若い他所者たちもあらわれた。一つはＴＥＭ研究所という建築を志すグループ、一つはおんでこ座という佐渡の文化開発をしようとしている人たちのグループである。こういうところに、これからの農村のあり方が暗示されているように思う。

（「ＮＨＫ農業教室」ＮＨＫ教育テレビ、昭和四十八年四月）（二月七日～九日）

くろ土からの芽生え

広島県の世羅町は、尾道の中心部からおよそ二五キロほど西北の中国山中の町である。山中といっても丘陵の起伏する高原状の地域で開拓は早くすすみ、その開発は古代にまでさかのぼるものである。

私たちが訪ねていった木原隆一さんの家は、戸張の別所というところにあった。谷の国道からはずっと上がっていって尾根に近いところに家があり、その下の谷に棚田が重なっている。昔の広島往還という尾根道に沿って宅地が設けられた歴史が残っているわけである。付近にはもう一軒家があり、棚田はこの二軒が耕している。恐らくここを開いて住みついて以来この田を耕作してきているようで中世の百姓名田経営の様式をそのまま残しているかと思われる。

このように木原家が一定の土地に三百年くらいも住み続けてきたのは、その子どもたちに土地を分けて分家させることがほとんどなく、他へ養子に出すか、別の職業をもたせて他地方で分家しているためである。そして他出した人たちは、一年に三回本家に集まってくる。正月には年頭挨拶にくる。これは兄弟、子どもたち。盆には兄弟が親の墓まいりにくる。また秋祭には兄弟、子どもたちが集まってくる。これを年三回の大付合いといっている。このように一軒だけがポツンと暮しているように見えるけれども、こうしたところにはまたそれに対応した生活のたて方があり、この山中の人たちは、古くからの生活をそのまま続けてきたのである。

さて、木原さんの家には、二つの心にとまることがある。その一つは、木原さんの年頭の辞である。木原さんは、正月にはテープレコーダーに年頭の辞を録音する。それには昔の生活を述べたものもある。そしてそれは、自分の体験によって得た人生訓を述べて結ばれている。集まってきた人たちもはそのテープを聞き、また順に家々を回して孫たちが聞く。これはたいへん興味のあることで、一つの新しい伝承方式だと思った。

いま一つ、木原さんは短歌を作る。日常生活の体験や、百姓としての感情が素朴な言葉を通じてにじみ出ている。農民の作歌は、広島県はかなり盛んに行われていて、この地方でも世羅西町合同短歌会があり、その歌集『くろ土』には、木原さんの歌も発表されている。しかし、老人にこういう趣味が定着していくにはまだ時間のかかることであろうが、とにかくここに一つの芽生えがある。

線香の煙はま直《すぐ》く立ちのぼり足しびれたり読経はやまず
旬日を泊りし客は乳飲み子いて干した布団に乳の香漂う
休耕田の話に飽きし都会《まち》の嫁はあくびころしてちぐはぐの返事
亡き吾子のダブルの服をひざにのせ生前語る虫干しする妻
学資だけでも稼ぐと言いつつ家の嫁吹雪の中をけさも急げり
われ農を手がける限度いつまでと腰たたきつつ稲架けをする

植木屋の前去りかねてもう一度そっと財布をあらためて見る
見舞う人少なくなりぬと嘆く友を慰むる声のどにつかえし
出稼ぎする術もなく吾ひとり納屋にこもりて藁仕事する
セールスマンに奥さんと呼ばれし家の嫁はコーヒーを出すにいとつつましく

（以上、木原隆一さんの作歌より）

（「生活研究」一八号、農産漁家生活改善研究会、昭和五十年三月）

文化の基礎としての平常なるもの

愛しあっている若い男と女が、親がゆるしてくれないので駈け落ちして、村からかなりはなれた在所に身をひそめた。この在所では二人を大事に守って仕事も与えた。そのうち親の方が折れたので、二人は郷里の村へ帰っていった。そして生活も安定し、子どもも何人もできた。この夫婦は駈け落ち先の村人の情が忘れられず、毎年農繁期になると手伝いにいった。そしてそれが四〇年あまりも続いているという。対馬で聞いた話である。

その話を聞いてから二、三年もたったころ、愛知県三河の山中を歩いていてその話をしたら、そういう話ではないが私にも思い出があると八十すぎの老女が話してくれた。その老女は十五の年にその村へ嫁に来たそうである。嫁入先の家はその頃人手不足で困っていた。戸主は女房を失い、年寄りは居らず、十八になる息子を相手に田畑を作っていたのである。仲のよい馬喰がそれを見るに見かねて息子の嫁を世話しようと言って方々へあたって見た。そしてその村から東へ一里半ほどさきの村で十五になる娘を見つけ、その親には奉公に出すと思って、しばらく貸してくれと言ってこの家へ連れて来た。だから着のみ着のままで来た。そしていつの間にか十八の息子と夫婦のいとなみもするようになって、そのまま月日がすぎ子どももできた。貧しくはあったが、夫がいつもやさしくしてくれた。それに舅がよい人であった。結婚式らしいものをしたのは子どもができて、実の親のところへ見せにいったとき、まず嫁入先で祝ってくれ、たくさん餅をついて、それを夫とかついで子どもを連れて帰ると、里でもにぎやかに祝ってくれた。そのときのうれしさは今も忘れることができない。そのことがあってから、郷里の娘を嫁入先の村の嫁に世話するようになった。そうした女が一〇人あまり居る。こちらからも嫁にいく。私が嫁に来るまでは、何ら行き来のない村であったが、今は村同士が親類のようになっている、とその老女は話してくれた。男と女のこまやかな愛情がもとになって、婚域の広がっていった話はもとはずいぶんあったようである。

三河山中で聞いた話とそっくりの話を下北半島の西海岸でも聞いたことがある。母親が死んで人手不足で困っているが、嫁に来る者もなくて困っていた一家がある。下北半島の西海岸は漁業が盛んでとれた魚は塩物や干物にして、それを川崎船という運搬船に託して津軽へ持っていって金にして生活をたてていた。あるとき嫁がなくて困っている家の者が川崎船の船頭に津軽のあたりに嫁に来てくれるような女はなかろうか、と話したが、話はそれだけのことだった。ところがあるとき、親子で山の畑へ仕事にいっていると、川崎船の船頭がやって来て、女を連れて来たから帰って見るがよいと言いすてて立ち去った。家へ帰って見ると、見知らぬ女が台所で仕事をしている。そこでいろいろ指図して夕飯も作ってもらった。何とも奇妙な出逢いであった。さて寝ることになったが、女の分の布団はないので若い男は自分の布団で一緒に寝た。それで円満にゆきましたか、ときいたら、今はすっかり年寄った男の方が「円満にいったのでしょうな、今もこうして一緒にいる」と老女をふりむいた。下北の西海岸にはこのようにして津軽から嫁に来た女が多かった。そうした女たち何人かにきいてみた。男と気が合うておりさえすれば、どこに住んでも同じことだという。

このような話はこれだけではなくてもっと広く各地で聞いている。そしてそれによって男女の婚域がひろがっていったことが大きかったのではないかと思う。明治の初め頃までは婚域はきわめて狭いものであり、中には一村のうちに限られていたという例も多い。それが次第にひろがって来たことの理由の一つに男女の愛情の問題があったと思う。

しかも今こんなことを思い出したのは近頃農村に嫁がないということばが流行語になっていることからで、嫁を狭い地域の中から求めようとしたり、結婚がより打算的になって愛情よりも打算が先行するようになったためではないかと思う。田舎を歩いていると、実にこのましい老夫婦にあうことが多い。両方ともいい顔をしている。そして共にいたわりあっている。基礎になっているものは本当の愛情だと思う。と同時に女を強からしめたのもこうした愛情ではなかったかと思う。

新聞も雑誌もテレビもラジオもすべて事件を追うている。事件だけが話題になる。そしてそこにあらわれたものが世相だと思っているが、実は新聞記事やテレビのニュースにならないところに本当の生活があり、文化があるのではないだろうか。その平凡だが英知にみちた生活のたて方がもっと掘りおこされてよいように思う。当節はすべてに演出が多く、芝居がかって居すぎる。

（『農協の生活活動』④文化活動編、家の光協会、昭和五十六年一月）

見聞巷談　あとがき

田村善次郎

宮本先生の書かれたものの中には、短くまとめられたものもたくさんある。新聞や雑誌などの求めに応じて書かれたものがほとんどであるが、中には自らすすんで筆を執られたものも数は少ないけれどもないわけではない。

一編一編は短かいけれども、目的を持って書かれたものであるから、それなりのまとまりをもっている。筆者である宮本先生の世界が垣間見えているはずである。いうなれば、宮本常一という人の小宇宙が、そこにはあるはずである。それらを編んで一本にすれば、バラバラに散らばっているように見える小宇宙も、大きな流れの天ノ川の、そのなかにきらめく星の一つ一つであって、目をあげてみれば宮本常一という天ノ川がくっきりと姿を現すはずである。そのように思ったのはもう何年も前のことであった。

そうして目録をながめ、選り分けはじめると、とても一冊や二冊で納まるような分量でないことはすぐにわかった。いや、最初からわかっていたという方が正しい。

稀代の旅人である先生のことであるから、やはり地方での見聞をまとめたものが多い。それをまず選りわけて『旅の手帖』と題して四冊にした。「旅の手帖」というタイトルは、八坂さんの発案であった。『旅の手帖』四冊に収録した文章のすべてが短編だというわけではない。とりわけ「愛しき島々」は短編集とは言えないものになっている。しかし、この四冊の『旅の手帖』には、旅人としての宮本先生の眼と心がくっきりと姿をあらわしている。

『見聞巷談』と題した本書は、宮本先生が折に触れ、時に感じた思索の数々である。これを、たんなる星くずの集まりとみるか、澄み切った秋の空にうかぶ天ノ川とみるか、それは読者であるあなたしだいであるけれど、できることなら、一つ一つの星と同時に、天ノ川を見てほしい。それが本書を編んだ私のねがいである。

本書は、大きく六章にグループわけしているが、必ずしも厳密ではない。しかし、各章の中での配列は発表順に並べている。収録した論考は昭和三十年代から五十年代にかけての四半世紀の期間に発表されたものであり、この時期は、周知のように、日本が高度経済成長からその終焉に至る、非常に大きな変動の期間であるから、時事的な問題や出来事についての発言が比較的多い本書の場合、執筆、発表の時期が無視できないと考えたからである。

二〇一三年十月十八日　今年は秋になっても台風が多い。そして、それによる哀しいできごとが多い。

著者

宮本常一（みやもと・つねいち）

1907年、山口県周防大島生まれ。
大阪府立天王寺師範学校専攻科地理学専攻卒業。
民俗学者。
日本観光文化研究所所長、武蔵野美術大学教授、
日本常民文化研究所理事などを務める。
1981年没。同年勲三等瑞宝章。

著書：「日本人を考える」「忘れられた日本人」

「日本の年中行事」「日本の宿」

「山の道」「川の道」「伊勢参宮」

「庶民の旅」「和泉の国の青春」

「旅の手帖〈村里の風物〉」

「旅の手帖〈ふるさとの栞〉」

「旅の手帖〈庶民の世界〉」

「旅の手帖〈愛しき島々〉」

「忘れえぬ歳月〈東日本編〉」

「忘れえぬ歳月〈西日本編〉」

「歳時習俗事典」「山と日本人」など。

宮本常一短編集　見聞巷談

2013年 11月11日　初版第1刷発行

著　者　宮本常一
編　者　田村善次郎
発行者　八坂立人
印刷・製本　モリモト印刷(株)

発行所　(株)八坂書房
〒101-0064　東京都千代田区猿楽町1-4-11
TEL.03-3293-7975　FAX.03-3293-7977
URL.：http://www.yasakashobo.co.jp

ISBN 978-4-89694-162-3